社会科授業サポートBOOKS

木村 博一 編著

思考の流れ＆
教材研究にこだわる！

「わかる」社会科授業をどう創るか

個性のある
授業
デザイン

明治図書

まえがき

　この度は，木村博一編著『思考の流れ＆教材研究にこだわる！　「わかる」社会科授業をどう創るか―個性のある授業デザイン―』の頁を開いていただき，ありがとうございます。本書の編者は私ですが，主役は第1章から第5章を分担執筆した方々です。

　より詳しくは「あとがき」をご覧いただくとして，ここでは私たちの自己紹介を簡単にさせていただきます。本書に実践報告を寄せたのは，次の3つの社会科サークルに参加している実践者や研究者の方々です。

①岡崎社会科授業研究サークル（愛知県岡崎市）

②広島社会科サークル（広島県広島市）

③教職人の会（広島県三原市）

　これら3つの社会科サークルには，いくつかの共通点があります。

　第1は，私を中心とする集まりで形成されたサークルということです。これらのサークルのリーダーは私，理論的指導者は私などといった方がわかりやすいかもしれません。しかし，私がリーダーシップを発揮して実践者の方々をぐいぐい引っ張っているのかといえば，必ずしもそうではありません。どちらかといえば，サークルのメンバーが実践したい社会科授業を少しでも改善していくための支え役を務めているといった方が，イメージに合っているように思います。あくまでも，主役は一人ひとりなのです。

　第2は，社会科が好きで好きでたまらない人たちのサークルということです。「どうすれば社会科の授業を面白くできるのか，わかりやすくできるのか」という話であれば，何時間でも語り合っていられる人たちのサークルです。もちろん，教材研究が好きで好きでたまらない教師もいれば，どのように社会科の授業を構築すればよいかという理論的側面に強いこだわりをもっている教師もいます。子ども一人ひとりの思考に寄り添いながら，少しでも子どもが理解しやすいように授業を展開していきたいと考えている教師もい

ます。いずれにしても，子どもたちの健やかな成長と発達を願って，互いに切磋琢磨し合っている教師の集まりです。

　何年前のことだったかは忘れましたが，広島社会科サークルに１回だけ参加した学生さんの一言が心に残っています。二人の学生さんは，口を揃えて次のようにいいました。

　「こんなに多くの人がサークルに集まって，どうすれば社会科の授業を面白くできるのか，わかりやすくできるのかと目を輝かせながら嬉しそうに話し合っている。こんな世界があるんですね。本当に驚きました」

　なんだか異星人に出会ったかのような表情を浮かべていましたが，失礼な一言だとは思いませんでした。今日の学校では，社会科は最も不人気な教科になっているといわれています。子どもの嫌いな教科が社会科というのは珍しくありません。最も苦手な教科が社会科だという教師も少なくありません。そのようななかで社会科が好きで好きでたまらないという人たちの集まりに連れてこられたのですから，驚くのは無理もないことです。

　第3は，長く続いているサークルだということです。岡崎社会科授業研究サークルは今年で30周年です。広島社会科サークルは16年，教職人の会は9年になります。岡崎社会科授業研究サークルは，そのころ30歳前後の若い教師が集まって結成されましたが，創立メンバーの半数以上が既に退職してしまいました。社会科授業実践のバトンを若い教師に引き継ぎながら今日に至っています。岡崎社会科授業研究サークルは月例会を基本としていますが，1995年に私が愛知教育大学から広島大学に転任したために，私が参加できるのは年に２～３回ほどになってしまいました。広島社会科サークルと教職人の会は季節ごとに年４回程度の集まりを目安としています。少ないと思われるかもしれませんが，それでも私は，ほぼ毎月のように，どこかの社会科サークルで至福の時を過ごしていることになります。

　さて，７年前のこと，私の夢が実現する日がやってきました。「一度でいいから，３つのサークルを一堂に集めたサークルを実現してみたい」という念願が叶ったのです。社会科サークルは自主的な活動ですから，通常の例会

も含めて，交通費も宿泊費も自弁です。一生に一度のわがままを叶えて欲しいという思いで実現した「合同サークル」だったのですが，それまで互いに交流のなかった各サークルの個性や特色に触れたことで，それぞれのサークルの教師たちの社会科授業の幅が大きく拡がっていきました。より詳しくは「あとがき」で述べますが，岡崎社会科授業研究サークルは子どもの思考の流れに寄り添う授業づくり，広島社会科サークルは授業づくりの理論的側面，教職人の会は教材研究に強いこだわりをもっています。互いの授業報告をいくつか聞いた後で，次のような声が自然に飛び出してきました。

「岡崎のサークルの先生方は，小学生だけでなく中学生一人ひとりの思考を追いながら社会科の授業を組み立てている。小学校の教師である私たちができていないことを実践されているので，とても刺激になりました」

「まずは教材研究からという授業づくりは，私たちのやり方と全く違うけれど，あそこまで徹底して教材研究するのには驚いた。子どもの目線での教材研究もなされているので，子どもは面白いと思って惹き付けられるよね」

一生に一度という思いで実現した私の夢だったのですが，その後，どのサークルからも「今年は合同サークルをやらないのですか」という声が出るようになり，今年で5回目を数えています。

長い「まえがき」になりましたが，このようにして本書は生まれることになりました。3つのサークルに共通している私たちの最も大切なコンセプトは，「一人ひとりが自分らしい社会科授業を追い求め，みんなで支え合うこと」です。本書のタイトル『思考の流れ＆教材研究にこだわる！「わかる」社会科授業をどう創るか─個性のある授業デザイン─』には，この思いを込めました。私たちは，教師一人ひとりが自分らしい社会科授業を展開し，個性ある授業デザインを楽しんでこそ，生きることの素晴らしさ，個性ある生き方の大切さを子どもたちに伝えることができると考えています。

この本を読んでいただいた皆様から貴重なご意見をいただくことができればというだけでなく，一人でも多くの方が私たちのサークルの輪に加わって下されば幸いです。きっと楽しいですよ。　　　　　　　　　　木村　博一

CONTENTS

まえがき　2

序章　自分らしさとこだわりのある社会科授業づくりに向けて　9

第1章　教材研究にこだわる社会科授業づくり　17

● 第1節　子どもの興味・関心を喚起する教材研究にこだわる社会科授業づくり
　──小学校第5学年単元「"ドラえもん"と"千と千尋の神隠し"」　18

● 第2節　温故知新"過去を参考にして未来を考える"ための教材研究にこだわる社会科授業づくり
　──小学校第3学年単元「どうするイチクミ屋　三河屋サブちゃんの復活」　24

● 第3節　今を見つめる教材研究にこだわる社会科授業づくり
　──小学校第4学年単元「おいしい　広島県！」　30

● 第4節　身近な地域素材の教材研究にこだわる社会科授業づくり
　──小学校第4学年単元「校庭にある広島城記念石の謎」　36

● **第5節　子どもの見方・考え方を鍛える教材研究にこだわる社会科授業づくり**

　　──小学校第6学年単元「1964年の東京オリンピック」　42

● **第6節　人の姿やかかわりを見つめる教材研究にこだわる社会科授業づくり**

　　──小学校第6学年単元「夢の超特急～新幹線開発物語～」　48

● **第7節　「海からの視点」にこだわる社会科授業づくり**

　　──小学校第6学年単元「航路啓開」　54

● **第8節　当事者へのインタビューにこだわる社会科授業づくり**

　　──小学校第5学年単元「情報ネットワーク」　62

第2章　子どもの思考の流れと一人ひとりの成長にこだわる社会科授業づくり　69

● **第1節　学びの見取りにこだわる社会科授業づくり**

　　──中学校地理的分野単元「中部地方～どうなる？　どうする？　日本一の三州瓦～」　70

● **第2節　多面的・多角的な子どもの価値判断を見取る社会科授業づくり**

　　──中学校地理的分野単元「中部地方～国産花火は存続できるのか～」　78

● **第3節　「自ら考え，判断する」過程を見取る社会科授業づくり**

　　──小学校第6学年単元「西郷隆盛と新政府は戦わなければならなかったのだろうか」　86

●**第4節　子ども一人ひとりの思考の深まりと成長にこだわる社会科授業づくり**

——小学校第6学年単元「被爆都市広島での復興大博覧会」　94

●**第5節　子どものわかり方にこだわる社会科授業づくり**

——小学校第6学年単元「武士とは何か〜武士が政権をとるって？〜」　102

第**3**章　教育目標と授業理論にこだわる社会科授業づくり　109

●**第1節　「わかり直し」にこだわる社会科授業づくり**

——小学校第6学年単元「見えない暴力を見抜け！　コチャバンバ水紛争で何が起こった？」　110

●**第2節　社会構造の認識にこだわる社会科授業づくり**

——小学校第6学年単元「テルマエの当たり前」　116

●**第3節　「概念カテゴリー化学習」にこだわる社会科授業づくり**

——小学校第3学年単元「カープは家族!?」　122

●**第4節　「交渉ゲーム」による理解にこだわる社会科授業づくり**

——小学校第6学年単元「黒船来航」　130

●**第5節　「創造的認知のモデル」にこだわる社会科授業づくり**

——小学校第6学年単元「弁当からミックスプレートへ」　138

第 4 章 価値判断・意思決定による資質・能力の育成にこだわる社会科授業づくり 147

● **第1節 感じ，考え，判断する，にこだわる社会科授業づくり**
——小学校第5学年単元「報道の意味と価値」 148

● **第2節 「仮の意思決定の吟味」にこだわる社会科授業づくり**
——小学校第5学年単元「続・野性の叫び～ツキノワグマの出没　保護か処分か～」 154

● **第3節 「科学・技術のシビリアン・コントロール」にこだわる社会科授業づくり**
——小学校第5学年単元「どうなる？　どうする？　日本のエネルギー」 162

第 5 章 自分らしさのある授業に見る社会科授業観 169

あとがき 176

序 章

自分らしさとこだわりのある
社会科授業づくりに向けて

1 「金太郎飴」と高く評価された社会科授業

　数年前のこと，市立Ｋ小学校の公開研究会で発せられたＡさんの寸評が耳に残っている。Ａさんは各学級の社会科授業を絶賛しつつ，次のように付け加えた。

　「Ｋ小学校の授業は，どの学級を見ても金太郎飴なんですね。すべての学級の社会科授業が金太郎飴になっているんです。本当に素晴らしいと思います」

　私は耳を疑った。それまで数年間，私はＫ小学校の社会科授業改善のための指導・助言にあたってきていた。各学級の教師は，地域の社会的事象や歴史的事象について丹念に教材研究を行い，子どもの興味・関心を喚起して「なぜ……？」「どのように……？」等の問いを引き出し，問いの解決を通して社会認識を深めていく授業を展開していた。資料を読み取って知的に解決したところで終わる授業もあれば，習得した見方や考え方を働かせて価値判断を試みる授業もある。各学年，各学級の授業には，それぞれに教師の教育観，授業観，児童観，教材観が反映されていた。

　それなのに，なぜ「すべての学級の授業が金太郎飴になっている」と評されてしまったのか。「金太郎飴」のもつ世間一般の通念についてはＡさんも承知していたはずである。ならば，なぜ褒め言葉として用いることができたのか。実は，私が本書の企画に際して思い至ったのが，この「金太郎飴」と高く評価された社会科授業をきっかけとして芽生えた問題意識である。

2 「わかる」社会科授業に共通する学習指導の進め方

　Ｋ小学校の教師は，当時の平成20年（2008）版小学校社会科学習指導要領を踏まえて「〜して調べ，……を考える」授業を展開していた。各学級の社会科授業に通底した基本的な学習指導の進め方は次の通りである。

序章　自分らしさとこだわりのある社会科授業づくりに向けて

> 　子どもが調べて考えていくためには問い（学習問題）の成立が前提と
> なる。問いを生み出すためには，いくつかの社会的事象（資料やデータ
> など）を提示して，矛盾に気付かせる必要がある。問いが生まれたら，
> 予想や仮説を立て，調べて検証し，考えを深め合っていく。その上で，
> 一つの結論（正答）を導いていく[1]。

　このような学習指導のあり方は，決して目新しいものではない。「わかる」
社会科授業（わかりやすい社会科授業）と評価される実践には，あまねく組
み込まれているオーソドックスな学習指導のあり方である。

　では，なぜAさんはK小学校の社会科授業を絶賛したのか。それは，「す
べての学級の授業を金太郎飴のレベルにする」ことが如何に難しいのかを承
知していたからではないかと，私は推察する。

３　社会科授業を「金太郎飴」のレベルに高めることの難しさ

　小学校の教師は，それぞれに教育観，授業観，児童観，教材観を抱いてい
る。一人ひとりの子どもの素朴な疑問を大切にして授業を展開していきたい，
子どもの思考の流れに沿った授業を展開していきたい，より深く社会を認識
できる授業を展開していきたい等が，好例であろう。自分自身の教育観に対
する思いの強さは，教師によって様々である。そうした思いの強さが授業改
善に向けて望ましい方向に作用すればよいが，授業の足かせとなる場合も少
なくない。これまで，私は次のような社会科授業に幾度となく遭遇してきた。

　第1は，一人ひとりの子どもの素朴な問いを大切にしたい教師の授業であ
る。こうした信念が強ければ強いほど，教師は学習問題を一つにまとめるこ
とに罪悪感をもってしまう。結果として，子どもが発言した問いが次々に板
書されていくが，その先には容易に進まない授業が展開されてしまった。

　第2は，子どもが発言した問いを一つにまとめる授業である。本時の学習
問題を成立させたものの，そこからさまよい始めた。教師にも正答のわから
ない学習問題を成立させてしまったので，授業がいき先を見失ってしまった

11

のである。結果として，子どもは子どもなりに考えてはいるが，何も解決できない（正答に到達しない）授業が展開されていった。

　第3は，社会科授業は問題解決的な学習としての仮説検証のプロセスを必ず踏まなければならないと思い込んでいる教師の授業である。ある小学校で「日本の最も東（西南北）はどこか。仮説を立てて検証しよう」という授業に遭遇した。教科書も地図帳も開くことなく予想するように求められた子どもは戸惑うばかりで，一歩も先に進まなかったことは，ご推察の通りである。

　3つの事例をあげたが，これらの授業は「わかる」社会科授業になっていないという点で共通している。このような授業を展開している学級があった場合，Aさんは「すべての学級の授業が金太郎飴になっている」と評価できなかったはずである。なぜならば，「金太郎飴」という表現を用いて授業を高く評価したAさんの評価基準は，学習指導要領が求めている目標と内容を踏まえた一定レベルの授業が全学級で達成されていることだと推察されるからである。これら3つの事例のような「わからない」社会科授業（さまよえる社会科授業）が展開されていれば，子どもの思考力，判断力，表現力等は低下し，学力の育成はおぼつかなくなる。K小学校は，公開研究会まで3年間にわたって校内研修を積み重ね，各教員が社会科の基本的な学習指導の進め方を踏まえて授業を展開できるレベルに達していたからこそ，（笑う他ないが）「すべての授業が金太郎飴になっている」という高い評価を得ることができたということになる。

◤4◢ 「わかる」社会科授業を創る秘訣

　ここで，K小学校の教師が合意していた「わかる」社会科授業を創るための秘訣を紹介しておこう。

> 　予め教師が正答としての知識を用意することができた問いを本時の学習問題（主発問）にすることが秘訣の核心である。学習問題の成立に向けて，子どもに素朴な問いを出させ，子どもに気付かれないように教師

が予め設定した学習問題に導いていってもよい。仮説検証や思考の深め合い，結論構成などに時間を費やしたい場合は，教師が学習問題を提示してもよい。いずれにしても，学習問題が成立した時点では子どもは正答を予想することしかできないが，様々な資料を照らし合わせながら思考を深め合い，一つの正答を導く（正答に到達する）ことができるように，教師が粘り強く学習指導を進めていくことが基本である。

K小学校の教師が全学級で一定レベル以上の社会科授業を展開できたのは，このような秘訣を共有できていたからである。もっとも，ここに述べた秘訣は，社会科教育学を修めた研究者や実践者には当たり前の学習指導の進め方であり，秘訣でも何でもない。しかし，この秘訣を承知していない小学校の教師が「問題解決的な学習を一層充実させる[2]」ことを求められた場合，前述した3つの事例のような学習に陥り，社会科授業の迷走に拍車がかかってしまうであろうことは想像に難くない。

この点に関連して，付け加えておきたいことがある。

近年の教育界では，これからは「予測困難な時代」なのだから，「一人一人が未来の創り手となる[3]」ように子どもたちの資質や能力を育成していくことが求められるという趣旨の教育論が展開されている。中央教育審議会の答申には「"今学校で教えていることは時代が変化したら通用しなくなるのではないか"といった不安の声[4]」も紹介されている。そこで，「主体的に学び続けて自ら能力を引き出し，自分なりに試行錯誤したり，多様な他者と協議したりして，新たな価値を生み出していくために必要な力を身に付け，子供たち一人一人が，予測できない変化に受け身で対処するのではなく，主体的に向き合って関わり合い，その過程を通して，自らの可能性を発揮し，よりよい社会と幸福な人生の創り手となっていけるようにすることが重要である[5]」との指摘もなされている。

であれば，毎時間の授業を通して，本時の学習問題（主発問）の正答を提示してはいけないと考えるのが正しい解釈なのだろうか。確かに，授業で教

える正答としての知識は，過去の時代に構築された知識に過ぎず，「時代が変化したら通用しなくなる」可能性のある知識なのだから，「予測困難な時代」に向けては役立たないとするのも一つの主張であろう。では，正答としての知識を子どもに習得させることなく，主体的・対話的に学ばせ続けていけば，「未来の創り手」として，「新たな価値を生み出していくために必要な力」を育んでいくことができるのだろうか。ここが考えどころである。

　毎時間のように正答のわからない宙ぶらりんの授業が続いたのでは，子どもの学習意欲は減退してしまうだけである。何よりも，そのような授業では「考えて正答を導くとは，こういうことなのか」「こうすれば正答を導くことができるのか」「わかる（納得する）とは，こういうことなのか」「わかったことを他者に説明する（説得する）とは，こういうことなのか」といった実感を得ることができなくなってしまう。論理的に思考を積み重ねて一つの正答を導く（正答に到達する）という経験を何度も踏むなかで，私たちは自ら正答を導くことのできる資質や能力を培っていくことができる。これが，「わかる」社会科授業づくりの核心であると私は考えている。

　もっとも，授業で習得した知識が絶対的な正答ではなく，相対性を帯びていることを子どもに気付かせておくことも大切である。暫定的な正答であったとしても，子どもが考え合って一つの正答を導く社会科授業と，正答が不明なまま子どもなりに考えるだけで終わってしまう社会科授業とでは，育成できる思考力，判断力，表現力等に大きな差が生じていくことになる。私たちが「わかる」社会科授業にこだわるのは，このように考えているからである。

５　「金太郎飴」の授業のレベルを越える社会科授業の創造に向けて

　ここまで述べてきたように，教師が「わかる」社会科授業を展開できるようになる，少なくとも「金太郎飴」と評価されるレベルの社会科授業を展開できるようになるためには，社会科教育学の成果を踏まえた研修が必要である。教師が先述した秘訣を修得していなければ，「わかる」社会科授業を展開することは，容易に越え難いハードルになってしまうからである。

序章　自分らしさとこだわりのある社会科授業づくりに向けて

　日本全国の小学校で20歳代の教師が激増しつつある今日，若い教師の社会科授業を「金太郎飴」と評価できるレベルにまで高めていくことは，子どもの学力保障という観点からも喫緊の課題となっている。そのための方策として，あちらこちらの学校の同じ学年の各学級で，全く同じ学習指導案，全く同じ板書を用いる授業が展開されようとしている，という噂も耳に入ってきている。「金太郎飴」の通念どおりの授業が量産される事態が到来しようとしている訳だが，これは授業が「金太郎飴」になることを礼賛してきたＡさんらの志向する学校改革や授業改善のイメージとあながち無縁ではあるまい。

　囲碁や将棋に例えれば，理解していただけるだろうか。「わかる」社会科授業を創るための秘訣は，囲碁の定石（将棋の定跡）に相当する。Ｋ小学校の教師は，社会科授業の秘訣を踏まえながら，自分なりの小宇宙とでもいうべき「個性ある授業デザイン」を創造しようとしていたのであり，先輩教師の棋譜をそのまま辿っていた訳ではない。Ｋ小学校の社会科授業を「すべての学級の授業が金太郎飴になっている」と高く評価したＡさんには，創造と模倣の相違が全く見えていなかったということになる。

６　本書の目的とスタンス

　本書の目的は，教師なら誰もが実践できる「金太郎飴」の通念通りの授業を並べることではない。既に述べてきたように，すべての教師が一定レベルの社会科授業を展開できるようにしていくことの大切さは承知している。しかし，それだけでよいのだろうかというのが，本書の問題意識である。

　優れた授業を展開する喜びを経験することなく，普通の授業が実践できれば満足と考えている教師が多いと聞いている。本当にそれでよいのだろうか。「金太郎飴」の通念どおりの授業を展開して，明日を担う子どもたちを「金太郎飴」に育ててしまったのでは，子どもたちの将来はしぼんでしまう。国家の先行きも暗くなるだけである。子どもたちの個性を育て，未来を育む一助として少しでも役に立つことができればと考えて編んだのが，本書である。

　本書に集めたのは，より優れた社会科授業がしたい，子どもたちが「わか

る」と実感できる社会科授業を展開したいと考えて，自分らしさのある社会科授業の創造を楽しんでいる教師の授業である。そのような教師が寄り集まって社会科授業を磨き合うなかで，一人ひとりの教師が培ってきた授業である。

「わかる」社会科授業を創造して展開すれば，「わかった」という喜びを子どもがかみしめることができる。「個性ある授業デザイン」を磨いていくことは教師の楽しみであり，それが一歩でも前進することは教師の喜びである。生きがいがあってこその人生であり，教師が楽しんでこその授業である。「予測困難な時代」を生き抜いていくことになる今日の子どもたちには，自分なりの授業を探し求めて，新たな価値を創造しようと日夜努力を重ねている教師の姿もまた，かけがえのない学びの対象になるのではないだろうか。

本書に掲載した一人ひとりの教師の社会科授業のレベルは一様ではない。既に30年以上も社会科の授業づくりに取り組み続けてきたベテラン教師の授業もあれば，そうした教師に触発されて，社会科の授業づくりを楽しみ始めた若手教師の授業もある。様々な興味・関心や問題意識で，本書を開いていただいた一人ひとりの教師に響く授業があり，永く響き続けることができる書物になることができればというのが本書の願いである。

■ 註

1）星村平和・岩田一彦「初等社会科の授業構成」社会認識教育学会編『初等社会科教育学』学術図書出版社，1983年を参照
2）中央教育審議会『幼稚園，小学校，中学校，高等学校及び特別支援学校の学習指導要領等の改善について（答申）』文部科学省『小学校学習指導要領解説 社会編』東洋館出版社，2008年，p.4より引用
3）中央教育審議会『幼稚園，小学校，中学校，高等学校及び特別支援学校の学習指導要領等の改善及び必要な方策等について（答申）』2016年，p.9
4）同上，p.9
5）同上，pp.10-11

（木村 博一）

第1章

教材研究にこだわる
社会科授業づくり

第1節 子どもの興味・関心を喚起する教材研究にこだわる社会科授業づくり

——小学校第5学年単元「"ドラえもん"と"千と千尋の神隠し"」

こだわりの視点

・子どもにとって身近で関心をもちやすく，その教材（学習材）を通して社会が見える教材（学習材）を選定し，教材（学習材）研究を行う
・資料や発問で，子どもの既有の見方・考え方（固定観念）をくつがえし，知的好奇心を高め，課題追究・課題解決への切実感をもてるようにする

1 「わかる」社会科授業をつくるポイント

　私は「わかる」授業づくりのポイントとして，「教材研究」，そのなかでも特に「教材（学習材）選定」にこだわりたいと考える。日常生活のなかで，子どもたちにとって身近で，同時にその教材（学習材）を通して社会が見えるものを選定する。そして，子どもたちの課題追究や課題解決の学びのプロセスを予想しながら，その教材（学習材）を用いた授業づくりをしていくことが，「わかる」授業へつながるポイントであると考える。授業において「わかる」ために，子どもたちが初めて教材（学習材）と出会った時に，「わかりたい」「知りたい」という気持ちをもてるようにすることが大切である。そのために，事前の教材研究や，単元または本時の授業の導入場面を大切にしていきたい。また，その教材を用いた授業を考えるポイントとして，子どもたちがもっている経験や知識をゆさぶり，これまでもっていた見方・考え方（固定観念）をくつがえすきっかけとなる資料や発問を考えていくことが重要である。このことで，「わからない」気持ちから「わかりたい」気持ちが生まれ，「知りたい」「調べたい」という知的好奇心が生まれる。この知的好奇心が，課題追究や課題解決への切実な思いとなり，「わかる」授業づくりへとつながるポイントとなるのではないかと考える。

第1章　教材研究にこだわる社会科授業づくり

② 見方・考え方を鍛える教材づくりの視点

①身近な教材（学習材）選定から教材化へ

　本単元「世界とつながる日本文化」では，子どもたちが身近で興味をもちやすい「アニメ」を取り上げる。竹田は，日本文化を考える際，「マンガとアニメに代表される日本のポップカルチャーは，世界に向かって開かれた日本文化の入り口ではなかろうか。[1]」と述べている。つまり，日本社会における日本の文化を知るための方法として，「マンガ・アニメ」の有効性を指摘している。

　その「日本アニメ」の象徴とされるものの一つに「ドラえもん」があげられる。また，日本だけでなく世界で広く受け入れられた「千と千尋の神隠し」がある。この二つの「日本アニメ」を比較しながら，日本と欧米の文化をグローバルな視点からとらえられるようにする。また，本教材（学習材）は身近で興味をもちやすいものであるだけでなく，「ドラえもん」が受け入れられた要因を考える過程において，アメリカにおける社会問題や，アメリカ人がアニメに求める価値観，文化的背景についても考えることができ，子どもたちが主体的に学習をするなかで，社会が見えてくる教材（学習材）であるといえる。

②見方・考え方（固定観念）をくつがえし鍛えるために

　まず，子どもたちのもっている「ドラえもんは，日本でとても人気のあるアニメだからどの国でも人気なのではないか」という見方・考え方（固定概念）を，「ドラえもん」の海外における人気の状況や，世界進出の様子がわかる資料を提示することでくつがえす。そして，子どもたちの見方・考え方（固定観念）と実際の状況との「ずれ」によって，課題追究・課題解決への意欲をもたせる。

　学習過程においては，「日本やアジアで人気のあるドラえもんが，なぜ30年以上もアメリカで受け入れられなかったのだろうか」という問いを設定す

る。一方で,「千と千尋の神隠し」は,「八百万の神」等の登場人物や,ストーリーそのものがとても日本的であることで,海外では受け入れにくいと考えられる。しかし実際は,内容の大幅な変更がなされなかったにもかかわらず,欧米でも高く評価されている。授業のなかでは,このことを活かして,「千と千尋の神隠し」が世界で受け入れられた理由を考えていく学習活動を設定し,「千と千尋の神隠しは,なぜ日本だけでなくアメリカ等欧米でも受け入れられたのだろうか」と問い,課題追究・課題解決へとつなげるなかで,新たな見方・考え方(固定観念)を活用して解釈していくことができるようにする。

3 「主体的・対話的で深い学び」を実現する授業デザイン
──社会的背景に着目させる授業改善の視点と工夫

①改善の視点

本単元では,第1次に文化産業学習として日本文化を発信するための取り組みを取り上げる。第2次では,日本文化の象徴として子どもが身近で興味をもちやすい「アニメ」を取り上げることで主体的な学習を仕組む。また,日本の「アニメ」が世界で受け入れられている現状から,子どもたちがもつ「アニメ」に対する見方・考え方(固定観念)を,発問や資料によってくつがえし,課題追究や課題解決のための対話の場を設定する。第3次では,日本と欧米では,「アニメ」に対する価値観が違うことに着目させ,その価値観がどこからくるものなのかに迫る。そのために,「アニメ」のなかの登場人物である「八百万の神」に着目させ,日本人と欧米の人々のもっている宗教観や自然観などの文化的背景がその要因であることに気付かせる。そして,子どもたちが普段観ている「アニメ」から,グローバルな社会が見えるようにすることで,それぞれの国の文化や文化的背景を知ることが大切であるという「深い学び」へとつなげていく。

第1章　教材研究にこだわる社会科授業づくり

②指導計画（全3次　5時間構成）

時	主な学習活動・内容	資　料	指導上の留意点
1	(1)クールジャパン戦略による日本文化の発信について知ろう ・日本文化について考えることを通して，クールジャパン戦略により，外国に日本文化を知ってもらうための取り組みについて知る	・資料「クールジャパンの概要」 ・グラフ「文化産業の輸出入」	・日本文化を日本が国をあげて輸出しようとしているクールジャパン戦略について資料から読み取らせ，文化面の輸出入のグラフの提示により，輸出が輸入に比べ，少ないことに気付けるようにする
2 3 4	(2)日本文化としての日本アニメは，どのようにグローバル化していったのだろう ①ジブリアニメの海外進出の歴史 ・アメリカで「千と千尋の神隠し」が評価されたことで，改変されなくなった理由について確認する ②「千と千尋の神隠し」について調べてみよう ・「千と千尋の神隠し」がアメリカで受け入れられた理由について調べる ③「ドラえもん」はどのようにアメリカへ進出していったのだろう ・日本やアジアで人気の「ドラえもん」が一方，アメリカでは受け入れられなかった理由について比較し，考える	・資料『千と千尋の神隠し』のポスター（日本版・アメリカ版）」 「『風の谷のナウシカ』のポスター（日本版・アメリカ版）」 ・新聞記事等 ・資料「アメリカ文化と日本文化の違い」 ・資料「『ドラえもん』の世界進出マップ」 ・写真資料「ドラえもん」「千と千尋の神隠し」	・「千と千尋の神隠し」のポスターのアメリカ版と日本版を提示した後，「風の谷のナウシカ」のポスターを提示し，それぞれ比較することで，改変の理由に着目させる ・「千と千尋の神隠し」が欧米で多くの賞を取って，多くの人から認められた歴史を確認する ・日本文化とアメリカ文化の違いから，理解されない内容に着目させ，話の内容が翻訳によってわかりやすくされている点等，それぞれの文化に着目させる ・「ドラえもん」が30年間もアメリカで受け入れられなかった理由について，「千と千尋の神隠し」がアメリカで評価された事実と比較させる

		・動画資料 「千と千尋の 神隠し」	
5	(3)日本アニメから見える日本 文化とはどのようなものだ ろう ・「千と千尋の神隠し」の 登場人物（八百万の神） に着目することを通して， 日本や西洋の自然観や宗 教観など，それぞれの文 化ついて考える	・写真資料 「八百万の神」 「日本庭園」 「ベルサイユ 宮殿の庭園」 ・資料 「日本の文化 における自然 信仰」	・日本文化と西洋文化の違い が関係していることについ て整理させ，グローバル化 に対応するためにはそれぞ れの文化を知ることが重要 であることをおさえる

4 指導展開例（第3次 第1時）

主な学習活動　☆子どもの様子	○教師の支援　□評価の観点
1　登場人物（八百万の神）の確認をす る （おしらさま，河の神，春日さま，牛 鬼，オオトリさま，ハク（コハク川の 主））	○登場人物（八百万の神）について写真 を示し，日本人の自然観について想起 できるようにする
2　学習課題を設定する ☆自分たちは「ニギハヤミコハクヌ シ」と聞いただけで神様とわかる ☆日本は，いろいろな場所に神様がい る	○ハクの名前である「ニギハヤミコハク ヌシ」の翻訳が説明的になっている点 から，文化の違いに着目させ，課題に つなげられるようにする
課題　日本では自然のなかに神様がいることが理解できるのに， 　　　なぜアメリカ等の西洋の国々では理解できないのだろうか	
3　日本と西洋の庭園の違いを考える ☆日本は自然そのもの ☆日本は木や池がそのままある ☆西洋はきれいに並んでいる	○日本庭園やベルサイユ宮殿の写真を提 示し比較させることで，日本と西洋の 自然観の違いを意識できるようにする ※写真資料「日本庭園」 ※写真資料「ベルサイユ宮殿の庭園」

第1章　教材研究にこだわる社会科授業づくり

4　日本文化と西洋文化における自然観の違いについて知る	○日本文化では自然をそのまま取り込み「共存」するという考えであるのに対して，西洋文化では自然を「克服」し「支配」するという考え方である点に気付くことができるようにする
5　本時の学習を振り返る	○本時の学習から，西洋で八百万の神について理解できないのは，日本文化と西洋文化の違いが関係していることについて理解できるようにし，グローバル化に対応するためにはそれぞれの文化を知ることが重要であることをおさえる □日本と西洋の自然観の違いについてまとめることができたか

5 「子どもの育ち」をとらえる 評価 の工夫

　日々の学校生活のなかで「子どもの育ち」をとらえることはもちろんのこと，私たち教師が子どもたち一人ひとりの「育ち」を評価するために，授業が大切であることはいうまでもない。さらに，子どもたちの学びの育ちを評価するために重要であることは，事前に子どもたちの生活とかかわりの深い社会的事象を把握すること，また子どもたちがその社会的事象に対して，日頃どんなかかわりがあるのかを知ることである。私たち教師は，教材化し授業を行った後，生活のなかで子どもたちが社会的事象に対していかに興味をもち，意識しながら生活を送るようになったのか，その変容を見取ることが重要であると考える。

> 註

1）竹田恒泰『日本はなぜ世界でいちばん人気があるのか』PHP研究所，2010年，p.27

(伊藤　公一)

第2節 温故知新 "過去を参考にして未来を考える" ための教材研究にこだわる社会科授業づくり

──小学校第3学年単元「どうするイチクミ屋　三河屋サブちゃんの復活」

こだわりの視点

・過去と現在をつなぎ，「あたたかみのある未来」の創り方に触れることのできる事例をあげる。そして，事例との劇的な出会いの演出をする

1 「わかる」社会科授業をつくるポイント

　これからの世の中は，先行きが不透明な社会，予測が困難な時代等，少し重々しい言葉で表現されることが多い。そんな世の中にあって，子どもたちは将来，個人や社会の成長につながる新たな価値を生み出し，たくましく生きていくことが期待されている。だからこそ，社会科授業を通して，刻々と変化する現実を見つめさせながらも，明るい未来を描かせたい。

　温故知新の発想は，これからの日本のあるべき姿を模索する上で重要な役割を果たすといわれる[1]。そして既に，私たちの身の回りには，先人の営みや知恵に学ぶ問題解決事例が多くある。最新電気炊飯器は「現代版羽釜」だし，都市計画には「現代版江戸の防火帯」が見られる。津波到達点への桜の植樹や木碑の設置は災害情報を伝承する「現代版大津浪記念碑」である。そのことに気付くと，現在は過去と，私たちは先人と，よりよい生を希求する存在であるという人間らしさで確かにつながっていると実感し，あたたかな感覚にならないだろうか。このような事例を授業で扱うことは，現在や過去をわからせることにとどまらない。過去と現在をつなぎ，「あたたかみのある未来」の創り方に触れさせることにもつながる。

第1章　教材研究にこだわる社会科授業づくり

2　見方・考え方を鍛える教材づくりの視点

①私のそばにも三河屋さんが！──「教育内容の論理」からのアプローチ

　消費社会において販売業はなくてはならない。食料品でいえば，総合スーパー，食品スーパー，コンビニエンスストアなどが中心であろう。しかし，このような傾向は「現在」のあり様でしかない。

　高齢化，少子化，情報化等様々なキーワードが示される今日，市場変化に対応しようと，インターネットショップやネットスーパー，移動コンビニなどの取り組みが普及してきた。従来の「買いにきてもらう」店ではなく，家庭にいながら買い物ができる，消費者に「売りにいく」スタイルである。

　さらには「聞きにいく」スタイルも現れている。それが「現代版御用聞き」である。町の電気屋さんを例にあげれば，雑談を通して顧客の家族構成，趣味嗜好やライフスタイルに至るまで把握し，まるで家族のような信頼関係に基づいたサービスを提供する。一見，非効率に思えることでも，「電球一つから」と常に消費者の身になってサービスにあたる[2]。

　教材研究を進めるうちに，はっと気付いた。なんと私自身も町の電気屋さん「現代版御用聞き」の顧客であった。店舗には商品が殆どないのに，300人近い顧客をもつその人の信頼は絶大である。新たに生まれた販売業態モデルはサザエさんの三河屋さんのようであり，身近にも存在していた。

②ニクミ屋に負けないイチクミ屋に！──「子どもの心理」からのアプローチ

　子どもたちは普段は消費者として生活している。販売の仕事に対しても消費者の視点からとらえがちである。ともすれば，「値引き」をするのは「お客さんに喜んでほしいから」といった一面的で不十分な認識にとどまってしまうこともある。販売者の知恵や汗に着目させるためには，販売者側から販売の仕事をとらえ直す必要がある。副題の単元名にある「イチクミ屋」とは，学級名から取ったものである。販売業は絶えず競争にさらされている。複数学級がある学年であれば「ニクミ屋」「サンクミ屋」を意識させて学習を展

25

開すれば，費用や利益といった大切な概念への気付きや，販売者の知恵や汗を追究する意欲の喚起を促すことができる。また，学級全体を店舗に見立てることで，日常生活ではあまり意識しない，多様な消費者の存在や世の中の急速な変化，販売者側の問題意識などに対するとらえや気付きを互いに共有しながら学習する必要も生じる。まずは販売者の立場からの理解があってこそ，これまでとは異なる角度から自らの消費生活を見つめ直すことができると考えた。

3 「主体的・対話的で深い学び」を実現する授業デザイン
──事例との劇的な出会いのために

①改善の視点──子どもたちの学びに火をつける資料提示の工夫

　社会科授業において教育内容と子どもとの接点となるのが資料である。しかし，一言で資料といっても種類は多様で，子どもたちの学びに火をつけるためには，指導者が目的に合わせながら子どもたちの発達段階や実態を考慮し，資料を選択・加工し，意図的な出会いを演出する必要がある。

　学習前の子どもたちがもつ不十分な認識を高めるには，子ども自身に認識の不十分さを自覚させなければならない。それには既有の知識に反する事実や情報を提示して，「驚き」「当惑」「協調欠如」を引き起こす必要がある[3]。そこで，「現代版御用聞き」を扱った第3次第3時では，特に，提示する資料のリアリティを大切にしながら授業を計画した。実物に近い資料を，子どもたちの日常生活に近い形で提示し，子どもたちの認識をゆさぶろうと試みた。

②指導計画（全3次 12時間構成）

時	主な学習活動・内容	資　料	指導上の留意点
1	(1)イチクミ屋オープン！ 学習計画を立てよう	・事前の買い物調べ結果	・開店セレモニー（テープカット）を行い，子どもを販売者の立場に置かせる

第1章　教材研究にこだわる社会科授業づくり

2 3 4 5 6 7 8	(2)販売の仕事のヒミツを調べよう ・地域のスーパーマーケットの仕事を調べる ・見学を通して販売者の工夫を調べる ・見学したことを基に話し合う	・店内の写真資料 ・広告 ・見学で得た情報	・「ニクミ屋を一歩リード」を合言葉に，販売の仕事について理解を深めさせる
9 10 11 12	(3)これからの販売の仕事を考えよう ・「本格的な高齢化社会」って？ ・どうなる？　これからの販売の仕事「現代版御用聞き」！ ・どうする？　イチクミ屋！	・人口推移グラフ ※下記表参照	・高齢化社会の概要を知り，インタビューを通して実社会と関連付けさせる ・高齢化社会におけるイチクミ屋のあり方を事例から考えられるようにする ・学習したことを基に絵と文章で表現させる

③第3次第3時における資料提示の工夫

　この時間において使用する具体的な資料と提示方法は次の通りである。

事例	具体的な資料　※（　）は資料の種類	提示方法
【事例Ⅰ】 ネットスーパー	・ネットスーパーHP：5社 　（実物） ・よく購入される品物：米・飲料水・調味料・生鮮品・オムツ 　（実物）	・モニターで提示 ・宅配便で届く・子どもに商品をもたせながら提示
【事例Ⅱ】 町の電気屋	・電気屋からの電話の内容 　（音声） ・電気屋の挨拶文（文書） ・電気屋さんのサービスの概要 　（文書）	・授業者に電気屋さんから電話がかかってくる ・モニターで提示 ・電気屋からの子どもへの助言として配布
【事例Ⅲ】 昔の御用聞き	・「サザエさん」三河屋さんの登場するシーン（VTR）	・話し合いが深まったところで突然VTRを放映

4 指導展開例 （第3次 第3時）

指導目標……ネットスーパーや町内の小売店が行う宅配サービスの便利さを話し合うことを通して，これからの販売業のあり方と多様化する生活者の立場とを関係付けて考えられるようにする。

主な学習活動　☆子どもの様子	○教師の支援　□評価の観点
1　学習課題を確認する ☆郊外型スーパーマーケットが増えて，地域の小売店は減った ☆高齢者が安心できることが大切	○高齢化社会が進展していることや高齢者へのインタビューの結果を振り返らせ，本時の学習に見通しをもたせる
課題　イチクミ屋は高齢化社会でどのように変化すればいいのだろう	
2　ネットスーパーの便利さについて話し合う ☆高齢者はもちろん，母親や多忙な人等にも便利 ☆家にいながら，お米や飲料水など，重くかさ張るものを買う時に便利 3　町の電気屋の宅配サービスの便利さについて話し合う ☆顔なじみの人だとうれしいし，安心 ☆家に届けたり注文を取ったりする中で信頼関係を築いている	○HPをモニターで提示し，リアルタイムに届いた商品から，便利さを考えさせる ○子どもによく購入される商品をもたせ，その特徴から想定できる利用者を具体的に考えさせる ○購入した商品を提示すると共に，指導者が電気屋からの突然の電話に出て，便利さを考えさせる ○サービスの説明と留守宅に投函する挨拶文の提示をし，直接対話により消費者ニーズを把握していることに気付かせる
4　御用聞きと関連付けて考える ☆「聞きにいく」スタイルのお店は，昔の販売業のよさを取り入れている 5　本時の学習を振り返る ☆過去の販売業態のよさを見直したい	○「サザエさん」のVTRを突然流し，町の電気屋が過去の販売業態にヒントを得ていることに気付かせる □御用聞きと多様化する生活者のニーズとを関連付け，これからの販売業のあり方を考えているか ○これからの販売業のあり方を考える意欲を喚起する

28

第1章　教材研究にこだわる社会科授業づくり

5 「子どもの育ち」をとらえる 評価 の工夫

　第3次第4時では，「どうする？　イチクミ屋！」をテーマに，これから
の販売業のあり方について一人一人が絵と文章で表現する学習活動を設定し
た。社会変化や多様な生活者のニーズを意識した記述が見られることを期待
した。「現代版御用聞き」の発想を手がかりに，過去の業態のよさを取り入
れた子どもなりのアイデアが多く出された。「学び」の語源は「真似ぶ」だ
といわれる。先人の営みや知恵に手がかりを得て問題解決を図る大人たちの
営みを，まずは真似てみること。それが，複雑な社会条件が絡む世の中を切
り拓き，あたたかみのある未来をつくる力につながっていくと考えている。

註

1）赤堀たか子『復活企業 強さの理由 時代の変化をチャンスに変える！小さな会
　社の底力』PHP研究所，2009年を参照
2）藤沢久美『なぜ，御用聞きビジネスが伸びているのか 顧客が自然に集まる10の
　発想転換』ダイヤモンド社，2005年を参照
3）稲垣佳世子「概念変化：知識の大幅な組み替え」，稲垣佳世子他編著『新訂　認
　知過程研究 知識の獲得とその利用』放送大学教育振興会，2007年，pp.32-44を
　参照

（長野　由知）

第3節 今を見つめる教材研究にこだわる 社会科授業づくり

――小学校第4学年単元「おいしい 広島県！」

こだわりの視点

・社会の問題に目を向けさせ，今，まさに直面する課題であることに気付くことができる教材
・社会の仕組みが見え，「わかった」につなげていくための「問いの質」

1 「わかる」社会科授業をつくるポイント

　私が考える「わかる」社会科授業をつくるポイントは，「授業を通して見えてくる社会が，今，まさに解決しなければならない課題を含んでいる教材になっているかどうか」である。

　「今」という視点で社会をとらえさせることができる学習材であることで，子どもたちは興味をもち，「問い」をもち始める。そして，その問いから見えてきた社会が，「今解決しないと」と思わせるような課題をもつ社会的事象を含んでいるものであれば，子どもたちは，その事象の背景を探りたいと，調べ，解決しようとする。そこに，子どもの主体的な学びが生まれると考える。

　社会科は，地理学，歴史学，政治学，経済学，社会学などの社会諸科学から抽出された法則性や概念を組み立て，概念装置をつくっていく[1]。だから「問い」を作成していく過程において法則や概念が見えてくるような授業を意識して，単元を形成していかなければならない。そうすることで，子どもたちは，自然に「問いの質」を高めていくことができるようになる。なぜなら，問いを解決することで，「わかりたい」と思った社会をとらえることにつながるからである。その繰り返しによって，社会を多面的・多角的にとらえていく力を育むことになり，社会がわかることにつながるのである。

第1章　教材研究にこだわる社会科授業づくり

② 見方・考え方を鍛える教材づくりの視点

　社会科で見方・考え方を鍛えるとは，「一つの社会的事象について，調べたり，考えたり，つなげたりする過程を通して，その社会的事象の背景にある事が見え，社会の仕組みがわかる」ことであると考える。

①「今」を見つめ「未来」を見据える学習材の設定

　学習材を設定する際には，特に「今」を感じられる社会的事象をもってくる必要がある。「いつ」「どこで」「どのように」「何のために」行っているのかを見ていく時，その視線の先に「今」が見えれば，子どもたちは興味をもってその社会的事象をとらえ，主体的に調べ，考え，解決しようとする。その過程で「人々の営み」の意義を見いだし，これからの自分たちの活動の指針とする。なぜなら，そこに，その「人」が見えるからである。

　「今」の見える学習材で学習することで，これからの「未来」を生きる自分たちのビジョンをもち，自分たちがこれから生きていく時，直面した課題を解決しようとする力が育まれるのである。

②「問い」を解決していくための，学習基盤の育成

　設定した学習材を子どもの力にしていくためには，「問いの質」を向上させる必要がある。また，質が向上した問いを追究するためには，学習していく素地が必要である。だから，学習を計画的に展開していくことはもちろん，他教科で培った力をいろいろな場面で使えるようにすることが大切である。算数科で学習した「面積」や「グラフや表」の学習から，空間軸や，時間軸の把握ができるようになる。また，国語科では調べたことをまとめ，伝えるための言語力が培われる。このように他教科で培われた力が，社会科の学習に生かされることで，社会が見え，考えることができるようになる。他教科との関連を意識した年間学習計画を立て，進めることで，社会科を「見る」「考える」力を育んでいけるのである。

31

3 「主体的・対話的で深い学び」を実現する授業デザイン
── 問いをつなぎ，社会を見る

①改善の視点──授業をつくる

　導入場面では「新聞の切り抜きや，写真」をもとに「問い」をつくっていく。単元を貫く問いができ，その問いを追究するための小さな「問い」を立てていく。自分たちで考え，「問い」をつくり，解決していくための道筋を立てることで，意欲をもって学ぼうとする。

　まず，「広島県神石高原町」について，地理的な特徴や統計的な特徴から，どんな町なのかを把握していく。子どもたちはそこで，町の「人口減少」「少子・高齢化」など大きな課題に直面する。しかし，課題意識をもつためには，その社会的事象が与える影響を知っておく必要がある。教師はそこで「人口が減ってきたらどうなるの」と問い直しをしてやるのである。そうすることによって子どもたちは，社会的事象が与える影響を知り，知ったことと関連させながら考えていくようになる。

　次に，「ナマズの養殖」である。ここでは「水産業」の学習ではなく，「町づくり」の学習であるため，子どもたちは「誰が」「何のために」「どのような思い」をもって活動しているのかを学習していく過程をとおして，これが町の課題を解決するためのものであることに気付けなければならない。だから，教師はもう一度「問い」を，「人口減少」や「少子高齢化」等学習してきた町の課題と結び付けて「新たな視点をもった問い」に直すように促すのである。そうすることで，子どもたちの焦点が絞られていき，より深く追究できるようになるのである。焦点が絞られていけばいくほど，課題を解決することは一人では難しくなる。だから，「ペア学習やグループ学習をしたい」と対話を求めてくる。

　このように，子どもの思考に寄り添った授業をつくっていくことこそ，主体的・対話的で深い学びをつくっていくことになると私は考える。

第1章　教材研究にこだわる社会科授業づくり

②指導計画（全4次7時間構成）

時	主な学習活動・内容	資　料	指導上の留意点
1	(1)マツダスタジアムで高校生が○○！ ・マツダスタジアムで高校生がナマズ丼を販売している様子を見て，これからの学習課題を考える	・統計資料 「新聞記事の写真」 「HPより販売風景」	・単元を通しての課題 「写真からわかることから，学習課題をつくろう」
2 3 4	(2)油木高校がある神石高原町はどのようなところだろう ・広島県神石高原町の特徴を調べる （地理的な特徴・産業の特徴・人口統計から見えてくる特徴）	・統計資料 「神石高原町のHP」 「地図帳」 ・インタビュー資料 「役場の人の話」	・位置と産業，人口統計との相互関係 「神石高原町とはどのようなところだろう」 （地理的・経済的・政治的視点から，町を見る）
5 6	(3)なぜ，油木高校はナマズの養殖を行っているのだろう ・ナマズの養殖によって得られるもの ・「高校生」がナマズの養殖を行う意義	・VTR資料 「高校生のインタビュー資料」	・問い直しの場面 ・地域資源を保護・活用する視点 「ナマズの養殖を行うのはなぜだろう」 ・産業としての価値をとらえる場面 「高校生にとって，ナマズの養殖とはどのようなものだろう」
7	(4)自分にできることを考えよう ・学習を通して考えたことを基に，今の自分にできることにつなげ，考える	・今までの資料 「児童会活動の資料」	・自らのこれからの行動に置き換える場面 「今の自分にできることを考えよう」

33

4 指導展開例（第3次 第1時）

主な学習活動　☆子どもの様子	○教師の支援　□評価の観点
1　神石高原町の人々の望んでいる町について振り返る 2　学習課題を考える	○今まで学習したことを想起させ，本時の課題の手がかりとなるように，資料を，VTRやプリントで示す
課題　高校生がなぜナマズの養殖を行っているのだろう	
3　資料を読み取り，自分の考えをもつ 4　グループで意見を交流させ，神石高原町にとって「ナマズの養殖」はどのようなものなのかを考えさせる ☆人口を減らさないようにしていくための取組 ☆町を守っていくものなんだ 5　神石高原町にある油木高校にとっての「ナマズの養殖」とは，どのようなものなのかを考えさせる ☆高校をなくさないためのもの ☆卒業後選択する職業の一つ 6　「住み続ける町」から「住み続けられる町」をこれからはつくっていかなければならない，つくるのは自分たちであることに気付かせる	○資料の大事なところに線を引かせたり，VTR資料から高校生の実際の声を聞いたりして自分の考えをもたせる ○根拠を基に説明させる □新しい産業を創出して，持続可能な街づくりに取り組んでいることに気付いているか ○油木高校の生徒の話をVTRで聞いて，高校生の取組の意義を見つけられるようにする □持続可能な社会について理解し，それを担っているのは自分たちであることに気付いているか

5 「子どもの育ち」をとらえる 評価 の工夫

　子どもたちは，写真や資料から，「問い」を考えることになる。問いを考えるには，写真から見える情報を取り出すだけの単純な作業にとどまらず，あたかもその写真が動き出し，背景にある事象まで見えてくるように，資料をいろいろな角度から見る力を育て，課題を発見させるようにさせたい。しかし，この力を育むには，普段から教師が「この人は何をしているのでしょ

第1章　教材研究にこだわる社会科授業づくり

うか」や「これからどうなるのだろう」など，写真を深く読み解いていくような展開を行っておく必要がある。この単元では，学習の積み重ねによって，一枚の写真から「マツダスタジアム」「高校生」「ナマズ丼」という言葉を見つけ，単元を貫く問い「高校生がなぜ，マツダスタジアムでナマズ丼を販売しているのだろう」を子どもたちは立てることができた。教師が誘導したわけではなく，自分たちが積極的にこの写真から「気付く」姿が見られた瞬間である。

　次に「単元を貫く問い」を解決するために，「小さな問い」を立て，調べていく。まず，神石高原町はどんなところだろうと，素直な疑問を見つける。そこで，町の現状と課題，町を守ろうとする人々の営みがあることを知る。概念装置が育ってきている子どもは，いろいろな角度から社会的事象をとらえようとする。「役場の人が考えた『住み続ける町づくり』という言葉が『住み続けられる町』をつくっているんだ」と「る」を「られる」とする子どもが出てきたのである。町づくりの主体が自分たちであることがわかった瞬間である。

　「住み続ける町」と「住み続けられる町」の違いをもう一度考えさせることで，「自分たちにできる町づくりは何かな」「まずは，できることを考えよう」と，社会へ参画しようとする姿が見られるようになった。このように単元の流れを通して「子どもの育ち」を教師が感じることが重要であると考える。

註

1 ）岩田一彦・米田　豊編著『「言語力」をつける社会科授業モデル 小学校編』明治図書，2008年，p.17

（曽我　知史）

第4節 身近な地域素材の教材研究にこだわる社会科授業づくり

——小学校第4学年単元「校庭にある広島城記念石の謎」

こだわりの視点

・身近な地域のなかから学習材を発掘し，インタビューを通して地域素材の教材研究を進める

・多くの文献のなかから主となる文献にこだわり，文献全体の構造の読解を意識しながら教材研究を進める

1 「わかる」社会科授業をつくるポイント

　社会科授業をつくるために，私たち教員は様々な教材研究をする。とりわけ，中学年の社会科においては，教材研究に時間を費やす。それは，中学年は地域学習が主で，教科書よりも地域の副読本（広島市では『わたしたちの広島』）を主に活用することが多いためである。授業者が地域の社会的事象を知らないまま授業をしたり，地域素材を教材化することに負担を感じたりすると，地域学習が知識を教えるだけの表面的な学習になりがちで，子どもたちに思考・判断させたり，今後のあり方を考えさせたりする授業展開が十分確保できないのではないだろうかと思う。そこで，授業者自身が地域の社会的事象について丁寧に教材研究を行った上で，地域素材を教材化する必要性がある。

　「最近の若い先生は自分が勤務している学校の地域のことを知らない。地名の由来や川の歴史など，地域のことを知ろうとしていない。先生たちにはもっと地域のことを知ってほしい」

　これはある校長先生がおっしゃった言葉である。若い先生とはいわれたが，中堅の先生にもベテランの先生にもいえることであろう。私たち教員は，縁あってその地域の学校に勤務することになったのだから，もっと地域の自然，歴史，産業，人のつながり等を知る努力をすると共に，身近な地域のなかか

ら学習材を発掘し，授業開発をするべきではないか。確かに，教員は多忙であるが，それを理由にして教材研究をおろそかにはできない。岡﨑も「子どもにとって社会がわかる授業をつくるには，教師は具体的でしかも知的好奇心を喚起するような内容を見つけてくることが重要である。そのためには現地調査が必要となる。」と述べている[1]。もっと地域に足を運び，自分の目で地域を見たり，地域の方々にインタビューしたりすれば，より具体的に地域について理解し，共感することができる。地域素材を取り上げて学習することで，子どもたちは自分たちが住んでいる地域にさらに愛着を深めるだろう。

　また，地域素材を活用して授業開発していく際には，現地調査と同時進行で文献を手がかりに教材研究を進める。インターネットからでも様々な情報を入手することはできるが，学校の図書室，地域の図書館，公民館などにある文献から一次資料までさかのぼり，より信憑性の高い情報，客観性のある情報を基にして授業展開を考えていきたい。多くの文献のなかでも，主となる文献を決め，読み深めていくことで，地域素材の研究を進めていく。授業の際，文献の一部を切り取って授業の中で活用し，子どもたちに教えることが多いのではないか。ただ文献の一部を活用するだけでなく，文献全体の構造を読み解くことを意識しながら教材研究することも必要であろう。

　身近な地域素材を活用して社会科授業をつくる際には，地域の方々に積極的にインタビューして情報を入手し，多くの文献のなかから主となる文献を読み深めることで，教材研究を進める。教師自身が教材研究を通して，地域，社会のことを理解することが，子どもたちにとって，わかる社会科授業につながっていくと考える。

　そこで，本稿では身近な地域素材として広島城を取り上げ，教材研究の進め方や授業デザインについて述べていく。

② 見方・考え方を鍛える教材づくりの視点

①インタビューを通した地域素材の教材研究

　広島城天守の年間入館者数は，近年のお城ブームとも重なり，平成27 (2015) 年度からの３年間は，30万人台を突破している[2]。また，外国人観光客からの人気もあり，広島城を訪れる観光客の約３割が外国人だという。そのような話題性のある広島城天守は，再建されて2018年で60年を迎えた。

　前任校である広島市立大芝小学校から広島城までは，直線距離で約1.5kmほどしか離れておらず，子どもたちは毎年，遠足で広島城周辺を訪れている。小学校の正門付近には「広島城記念石　昭和二十五年三月」と刻まれた石垣に使用されていたと思われる石が３つある。しかし，子どもたちはこの石の存在には，ほとんど気付いていない。

　そこで，この石の由来について，知っていそうな方々にインタビューした。来校される地域の方々，昔から地元に住んでおられる高齢の方，小学校の同窓会長，昭和25年当時のPTA会長のご子息，郷土資料に詳しい図書館司書，学区にある寺や近隣の神社，広島城にも行って学芸員の方にインタビューした。さらに前校長や，何十年も前に本校に勤務していた先生にも話を聞いた。

②主となる文献にこだわった教材研究

　広島城の石垣について教材研究を進める上で，主となる文献として『広島城の50年』[3] を選定した。本書は大きく三部構成になっており，原爆投下後の２代目，３代目の広島城の変遷について詳細に記述されている。広島城の石垣についての記述のみを探して読むのではなく，文献全体の構成を読み解くことで，広島城全体の歴史的背景や社会的背景，広島城の存在価値，今後の展望，作者の意図などを理解しようと試みた。

第1章　教材研究にこだわる社会科授業づくり

3 「主体的・対話的で深い学び」を実現する授業デザイン
――身近な地域にこだわり続ける

①改善の視点

ここでは，先述した広島城記念石と広島城を学習材として取り上げ，授業開発することとする。子どもたちにとって身近にある広島城記念石を通して，広島城の歴史を理解すると共に，人々の思いについて考えさせる。また，広島城記念石と広島城には人々の平和への思いや願いが共通してあることに気付くようにしていく。

「広島城記念石」と刻まれた石

②指導計画（全3次 7時間構成）

時	主な学習活動・内容	資料	指導上の留意点
1	(1)なぜ小学校に広島城記念石があるのだろう ①広島城記念石から，詳しく調べてみたいことを話し合う	・広島城記念石	・記念石を見学し，広島城への関心をもたせる
	課題　なぜ，小学校に広島城記念石があるのだろうか		
2 3 4 5	(2)広島城と小学校には，どのような関係があるのだろう ①広島城と小学校との関係について調べる ・学校にある他の石とは全然違う ・本当に広島城と関係があるのかな ②広島城と小学校との距離や地理的条件を確認する ・学区のすぐ近くまで外堀があった ・戦前までは学区から広島城が見えていた ③被爆前の広島城の様子について調べる ・明治維新後，外堀が埋められたが，櫓や門の	・創立記念誌 ・校歌 ・写真 ・地図 ・古地図 ・読み物資料 ・写真	・校歌に広島城が出てくることに気付かせ，広島城への関心を高めさせる ・広島城と小学校が太田川をはさんで距離的に近いことをとらえさせる ・資料から，広島城が人々にとって心の寄りどころであったことを読み取らせる

4	石垣がそのまま置かれていた ・初代の広島城は原爆投下で倒壊した ④被爆後の広島城の様子について調べる ・広島復興大博覧会（1958年）に向けて広島城天守が再建される（3代目，2018年再建60年）	・読み物資料 ・写真	・広島平和記念都市建設法とのつながりもおさえる
6 7	(3)広島城は人々にとって，どのような存在なのだろう ①広島城の学芸員に話を聞く ・記念石に刻まれている昭和25年には，まだ広島城天守はなかった ・広島の人々は平和を願っていた ②広島城や広島城記念石の存在意味について考える ・広島の人はずっと平和であってほしいと願って大切にしてきた	・掲示物 ・インタビュー内容 ・掲示物	・広島の人々の平和を願う気持ちが，広島城天守の再建につながったことを説明していただく ・ただ単に古いものを残そうとしたのではなく，復興や平和を願っていることをとらえさせる

4　指導展開例（第3次 第2時）

主な学習活動　☆子どもの様子	○教師の支援　□評価の観点
1　前時の学習を振り返り，今の広島城が再建された理由について整理する 2　広島城の歴史や小学校とのつながりを振り返り，本時の学習課題をつかむ	○前時の学習を想起できるように，写真や資料を提示する ○本単元の初めの学習課題に振り返り，再度考えさせたい
課題　なぜ，小学校に広島城記念石があるのだろうか	
3　これまでの内容を基に，学習課題に対する意見を交流する ☆地域の人たちは広島城を大事に思っていたから，広島城の記念の石を置いた 4　古いものを残す意味について考える ☆広島城も広島城記念石も，平和を大事にしたい気持ちが込もっている	○意見交流が深まるように，これまでの学習で使用した写真や提示物を示し，発言を板書する □広島城記念石や広島城といった古いものには，広島の復興や平和への思いが込められていることを理解できたか

第1章　教材研究にこだわる社会科授業づくり

板書計画

5 「子どもの育ち」をとらえる 評価 の工夫

　子どもの育ちを評価する際には，自己評価や相互評価を含め，いくつかの評価方法を組み合わせることにより，客観的な評価にしていく。

　まず，子どもの学びの過程を見取るために，毎時間ワークシートに自分の考えを書かせる時間を確保する。ただ，その時間の感想ではなく，学習する前はどうだったのか，この学習を終えて，どのように自分の考えが変わったのか，これまでの学習を振り返らせる。知識が増えたことだけではなく，友だちの考えから学んだことについても，しっかり時間を取って書かせたい。

　社会的事象に対して自分なりに考えた意見を説明したり話し合ったりする学習のなかで，他の見方にも気付くことができる。そのような学習を積み重ねていくことが，深い学びにつながるだろう。

註

1）岡﨑誠司「小学校社会科教育の内容と方法」社会認識教育学会編『小学校社会科教育』学術図書出版社，2010年，p.35
2）公益財団法人広島市文化財団　広島城編『天守再建60周年記念展感謝・還暦！広島城〜よみがえった城』2018年，p.26
3）財団法人広島市文化財団　広島城『広島城の50年』広島市市民局文化スポーツ部文化財課，2008年

（沖西　啓子）

第5節 子どもの見方・考え方を鍛える教材研究にこだわる社会科授業づくり

――小学校第6学年単元「1964年の東京オリンピック」

こだわりの視点

・聖火リレーと太平洋戦争の進駐軍のルートを比較して育てる子どもの見方・考え方

1 「わかる」社会科授業をつくるポイント

　「わかる」社会科授業をつくるポイントとして大切にしたいことは，子どもの実態をとらえること，深い教材研究を行うこと，単元を組み立てることである。子ども一人ひとりの既有知識や経験を探り，子どもの実態をとらえる。深い教材研究は，深い学びを生む。教材研究を通して子どもに習得させたい概念的知識とそれを習得させるための個別の知識を追究する。教師の教えたいことと子どもの学びたいことは，必ずしも一致するとは限らない。子どもの実態を的確にとらえ，教師が自らの手で収集した教材について，子どもがねらいを達成することができるかどうか吟味しながら単元を組み立てる。インプットばかりでは子どもは退屈してしまう。アウトプットばかりでは子どもは困惑してしまう。単元のなかで行われるバランスの取れたインプットとアウトプットの繰り返しによって，子どもは「わかる」を実感しながら，学ぶことができる。

　「主体的・対話的で深い学び」の実現のための授業で求められているのが問題解決学習であるため，まずは，教師が楽しみながら教材研究を行い，問題解決学習を味わっていきたいものである。

2 見方・考え方を鍛える教材づくりの視点

　小学校社会科における見方・考え方とは，「位置や空間的な広がり，時期や時間の経過，事象や人々の相互関係に着目して，社会的事象を捉え，比

較・分類したり総合したり、地域の人々や国民の生活と関連付けたりすること[1)]」である。この社会的な見方・考え方を働かせて考察することにより、子どもは概念的知識を獲得することができる。6年生最後の歴史単元としては、歴史上積み重ねられてきた課題解決の経緯と同様に、現代社会に生きる自分たちも課題を見いだし、解決が必要であることを子どもにとらえさせたい。また、子どもの見方・考え方を鍛えるためには、自然に見方・考え方を働かせたくなるような指導の工夫が大切である。本単元では、単元を貫く学習問題を「代々木の地が大きく変化した間に、日本は、どのように歩み、どのような国になったのだろう」と設定する。また、単元の終わりには、「オリンピックを通して、日本は世界とどのような関係を築こうとしたのだろうか」と問いかけ、これからの日本のあり方や役割についてまとめさせる。

❸ 「主体的・対話的で 深 い 学 び 」を実現する 授業デザイン
──代々木の地や聖火リレーから見える歴史的背景と日本のあり方

①改善の視点──教材研究の様子と資料提示の工夫

　本単元を学習する子どもに最初に出会わせる教材として、代々木競技場に注目した。代々木競技場は、広島の平和記念公園を設計した丹下健三によって設計され、1964年の東京オリンピックの競技場として建設された。この代々木競技場（1964年〜現在）の場所の変化は実に興味深い。現在はスポーツの聖地として人々に親しまれているが、当時は、東京オリンピックの会場の一つとして人々の熱気に包まれた。直前までは、ワシントンハイツ（1946〜1964年）という米軍施設が建つ場所であり、日本が占領下に置かれていたことがわかる。さらにさかのぼれば、代々木練兵場（1909〜1945年）である。これらの変化を見せることを通して、戦前から現在までの日本の歩みに興味をもつことができる。さらに、オリンピック開催に向け、建設された各種競技場や高速道路、東海道新幹線の交通網の整備などを調べさせることで、日本が復興や経済成長をしたこと、敗戦で失った自信を取り戻し、世界に誇れる国を目指して努力してきたことをとらえることができる。

東京オリンピックについて具体的に調べる活動では，オリンピックのスローガンについて予想させる。実際のスローガンは「世界は一つ東京オリンピック」である。復興や経済成長の様子について学んできた子どもにとって意外性のあるスローガンである。その後，聖火リレーの様子について調べる。太平洋戦争の進駐軍のルートと聖火リレーのルートを見比べたとき，2つのルートが似ていることに気付き，子どもは聖火リレーのルートがどのようにして決まったのか考えずにはいられない。この聖火リレーのルートを発案したのが，東京オリンピック組織委員会事務総長の田畑政治である。彼は，「聖火というオリンピックの象徴を運ぶことで平和の願いを伝えたいのです。[2]」といっている。聖火リレーの最終走者を1945年8月6日に広島で生まれた19歳の青年に託したことから，平和への願いがより確かなものとなる。開・閉会式では，各国が整列して入場した開会式に対して，閉会式では，外国人選手が日本の旗手を肩車し，国境も人種も超えて腕や肩を組み合って入場するというサプライズが準備されていた。その様子は，オリンピック史上初めて衛星生中継で世界に放送された。日本は，敗戦から復興し，高度経済成長期を迎えると共に，世界に平和への願いを訴える国へと変わったのだ。

　一国の発展，平和の追究ではなく，アジア，そして，世界の平和を追究する日本の姿が1964年の東京オリンピックから見えてくる。

②指導計画　（全3次　7時間構成）

時	主な学習活動・内容	資　料	指導上の留意点
1	(1)代々木の地はどのように変化していったのだろう 　①代々木競技場の現在と過去を調べ，学習課題をつくり，学習計画を立てる	・写真 「代々木競技場の地の移り変わりの様子」 ・年表	・代々木競技場の地の移り変わりを調べ，戦後から今日までの日本の変化をとらえ，学習課題と学習計画を立てる
	課題　代々木の地が大きく変化した間に，日本は，どのように歩み，どのような国になったのだろう		

2 3 4 5 6	(2)戦後日本は，どのように歩み，どのような国になったのだろう 　①戦後改革，日本国憲法の制定について調べる 　②日本の国際社会への復帰について調べる	・写真 　「戦後改革の様子」 ・年表 ・写真 　「サンフランシスコ平和条約調印室の様子」	・日本が民主的な国家として出発したことをとらえる ・日本が国際社会に復帰したことをとらえる
	③新幹線や高速道路の交通網の整備の様子について調べる 　④代々木競技場の建設の様子について調べる 　⑤東京オリンピックの聖火リレーや開・閉会式等の様子について調べる	・写真 　「交通網の整備の様子」 ・写真 　「代々木競技場の様子」 ・ビデオ 　「聖火リレーの様子」 ・写真 　「東京オリンピックの様子」 ・新聞	・新幹線の開発の様子等から，日本の経済成長の様子を知る ・代々木競技場の建設等の様子から丹下健三の平和への願いを考える ・聖火リレーや開・閉会式，オリンピックのスローガン等について調べ，当時の人々の願いを考える
7	(3)これからの日本は，どのような国を目指したらよいのだろう 　①日本の戦後の歩みとこれからの日本のあり方や役割についてまとめる		・これまで学習してきたことを新聞にまとめさせることで，これからの日本のあり方や役割について考える

4　指導展開例（第2次　第5時）

主な学習活動　☆子どもの様子	○教師の支援　□評価の観点
1　1964年の東京オリンピックのスローガンを予想する 　☆「戦争からの復興！」 　☆「進化しよう！　日本」	○二人組で話し合い，理由をノートに書かせることを通して，当時の人々の願いを歴史的背景と関連付けて考えさせる

2　本時の課題を確認する 　☆自分たちの考えたスローガンと少し違うぞ。どうしてかな	○1964年のスローガンが「世界は一つ東京オリンピック」であったことを知らせ，本時の課題を立てる
課題　日本はなぜ，スローガンを「世界は一つ東京オリンピック」にしたのだろう	
3　開・閉会式や聖火リレーの様子について具体的に調べる 　☆日本と海外の選手が肩を組んで入場している 　☆聖火リレーでは，アジアを陸送することに決まったんだ 　☆アジアを陸送するコースが決まるまでにたくさんの苦労があったんだ	○スローガンの「世界は一つ東京オリンピック」のために，どんな取り組みを行ったのか予想させる ○開・閉会式の選手同士の様子を比較し，平和への願いをとらえる ○新聞資料を調べ，聖火リレーのコースが決まるまでの人々の願いや苦労に気付く ○聖火リレーと太平洋戦争の進駐軍のルートを比較し，人々の願いに気付かせる
4　まとめをする 5　振り返りをする	□スローガンや聖火リレーのコースについて資料を基に話し合うことを通して，人々の平和への願いについて考えている

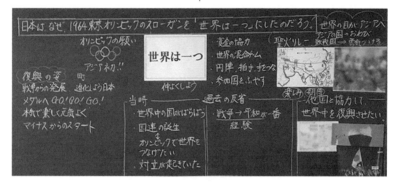

板書計画

第1章　教材研究にこだわる社会科授業づくり

5 「子どもの育ち」をとらえる 評価 の工夫

①本時の授業から見える子どもの育ち

　授業の終わりに，子どもたちは「東京オリンピックはアジアで初めてのオリンピックだったから，アジアを回って戦争で傷付いた人々を勇気付けようとしたのだろう」「欧米諸国の植民地支配や占領下にあったアジアに世界の目が向くようにしたのだろう」等の感想をもつことができた。社会的事象との対話や子ども同士の対話を通して，日本の発展だけでなく，世界の平和を願う人々の願いに気付き，オリンピックをより広い視野からとらえることができたことがわかる。

②単元末の新聞から見える子どもの育ち

　単元の終わりに，1964年の東京オリンピックで学んだことを基に2020年の東京オリンピックに向けて日本はどうあるべきか新聞にまとめさせた。新聞にまとめさせることで，オリンピックを，単なるイベントとしてではなく，日本がどうあるべきかを考え表現すると期待した。子どもは，1964年の東京オリンピックを通じて，一国の発展や平和を希求するのではなく，世界のために自分たちにはどのようなことができるのかを考えていた。新聞の最後には「どんな時でも思いは同じ！」「戦後日本が世界平和を目指して努力したようにこれからの先の未来が民主的で平和な国であってほしいから，戦争を知らない世代の人に伝えていく等，自分にできることを探して実行していきたい」とまとめていた。社会的な見方・考え方を働かせながら，概念的な知識を習得し，未来の社会を構築しようとする子どもの育ちを見ることができた。

註

1）「小学校学習指導要領（平成29年告示）解説　社会編」
2）伴　俊男「東京オリンピックへの道―平和の聖火アジア横断リレー」，NHK取材班編『NHK その時歴史が動いた　昭和史復興編』集英社，2008年

（才谷　瑛一）

47

第6節 人の姿やかかわりを見つめる教材研究にこだわる社会科授業づくり

——小学校第6学年単元「夢の超特急～新幹線開発物語～」

こだわりの視点

・「人の姿やかかわり」が凝縮されている事実を見つける目
・「人の姿やかかわり」が学習者に見える授業づくり

1 「わかる」社会科授業をつくるポイント

　日頃，肝に銘じている言葉がある。「人々の知恵や工夫，努力は形となって表れている。事実を見る目を教師がもつことが大切である」という言葉だ。この言葉に出会うまで事実は単なる出来事やデータととらえていた。しかし，事実にこそ「人の姿やかかわり」が凝縮されていると知ったとき，授業づくりが変わっていった。

　昔，漁師町に取材にいき，漁労長に大漁旗を見せていただいた。大漁旗は自分を鼓舞するためにつくるものだと思っていたが，答えは違っていた。その町では，大漁旗は仲間への贈り物であり，たくさんの海の恵みがあるように，無事に港まで帰り，また漁ができるようにという願いが込められているらしい。漁労長は「海の人間は，海の恐さを知っとる。漁は一人ではできん。海に出たら助け合わなきゃ何も始まらん。みんなで海の恵みを分かち合い，守ることがわしらの知恵じゃ」といっていた。水産業をひと通り学習した子どもに，この大漁旗と漁労長の映像を見せた。すると，これまでの学習が見事につながり，学びの質が深まった。学習の最後には，子ども一人ひとりが漁労長と握手を交わしたが，長年の漁で鍛えられた手の厚みに子どもたちは驚き，切実感をもって自分たちができることを感想にまとめていた。

　「人の姿やかかわり」が凝縮されている事実を見つける目を大切にする，そして，「人の姿やかかわり」が学習者に見える授業づくりをする。それが，私の「わかる」社会科授業をつくるポイントである。

第1章　教材研究にこだわる社会科授業づくり

2 **見方**・**考え方**を鍛える**教材づくり**の視点

　本教材は，映画「ALWAYS 三丁目の夕日'64」を観たことがきっかけとなった。劇中で，オリンピックの開会式が始まると，三丁目の人たちをはじめ，開会式に参加していた人々が涙を流す場面があった。その時は，なぜ人々が涙を流し感動を味わったのか，その意味や重みがよくわからなかった。しかし，当時を過ごした方々に取材を行うなかで，その涙には，戦争という激動の時代を経験し，逆境を乗り越えながら復興を果たしてきたことへの思いが込められていることを感じた。私は，当時の人々や社会の姿をとらえるためには，戦後の復興を支えてきた人々に焦点を当てることが大切だと考える。そこで，復興の象徴の一つとなった新幹線を取り上げ，開発を支えた人物に焦点を当てて教材化した。

①夢の超特急　新幹線の開発

　戦争の傷跡が残る東京でオリンピックを開催することは並大抵のことではなく，新幹線開発は，当時東京―大阪間を7時間かけていたところを，一気に3時間に縮めるという壮大な計画であった。多くの技術的な問題を抱えるこの開発は困難を極め，航空技術者の三木たちにも声がかけられた。開発に当たった三木忠直は，特攻機を設計した経歴をもつ。帰るための補助輪も燃料もなく，多くの仲間を死なせたことを三木は悔いていた。終戦後，GHQの指導の下，航空関係の仕事が十分にできないなか，このプロジェクトが舞い込んだ。三木たち技術者は，流線型のフォルムに改良を加えたり，戦闘機に使われていた空気ばねを採用したりして，時速200kmを超える速さと安全性を両立させた新幹線を実現させた。オリンピックの開催9日前に開通した新幹線は，当時の人々に大きな希望と勇気を与え，日本の高い技術と復興の姿を世界に示すものの一つとなった。

　三木たち技術者を支えていたもの，それは，日本人として世界に誇れるものをつくりたい，自分たちの技術で，命を奪うものではなく人々を笑顔にし

49

たいという情熱であろう。この新幹線開発を支えた三木たち技術者に着目することで、積み重ねてきた技術を生かして、平和で豊かな社会の実現に向けて復興を果たそうとする当時の人々の生き様が見えると考える。

②尾道で造船業に携わった方の話と重なるもの

戦前から戦後にかけて造船業に携わったＴさんの話の一部である。

取材をしたＴさんの話

　私の勤める日立造船株式会社は、戦時中は海軍管理工場に指定され、軍艦を建造したりしました。軍事工場でなければ、船の材料となる鉄板も入手できませんでしたから、当時としては当たり前だったんですよ。その後私も兵隊として戦争に行くこととなり、国を離れました。

　しかし戦争が終わると、GHQの指導の下、会社は解体され、大きな船をつくることはできなくなりました。資材もない時でしたから、元のように仕事ができませんでした。ですから戦争の時に使った鉄かぶとからフライパンをつくったり農機具をつくったり、ミシンをつくったりするなど、できることはなんでもやりました。そうやってみんな生活をしのいでいたんです。

　それから軍船の解体の仕事や捕鯨船の修理なども行いました。そうやって少しずつ仕事を増やしていき、ようやくまた船をつくることができるようになったんですよ。初めにつくった船は決して大きなものではありませんでしたが、進水式に参加した人々は、みな笑みをこぼしていました。自分たちのつくった船がものを運び、みなのくらしに役立てる。こんなにうれしいことはありませんからね。

　尾道でも戦後復興をかみ締めた光景があるとわかった。造船業が盛んだった尾道では、戦時中は海軍管理工場に指定され、軍艦の建造にも携わった。しかし戦後、GHQの指導の下、船の建造ができなくなり、造船業に携わった人々は、できる仕事を何でもやって生活をしのいだ。故に、再び船の進水式が実現できた時には、みな涙や笑みをこぼしたそうだ。取材したＴさんは、「生活には困るけど、人の命をとるものをつくらなくていい。自分がつくるものが人の役に立っていく時代になるのだから」と語っていた。これは、三木たち航空技術者による新幹線開発の願いと重なるところであり、自らの技術を人の命を奪うのではなく、人々のくらしに役立てようと、願いを込めて復興を果たそうとしたＴさんの生き方が伺える。

第1章　教材研究にこだわる社会科授業づくり

故に，新幹線開発を支えた三木たち技術者と共に，自分たちの地域の復興を支えた人物を取り上げることで，戦後復興に込められた人々の思いや努力を，子どもがより深くとらえられると考えた。

3 「主体的・対話的で 深い学び」を実現する 授業デザイン
——戦前，戦後をつらぬきつなぐ，人の姿

①改善の視点

単元を通し，子どもが，自分の感じ方や学びの深まりを感じられるように構成した。第1次では，戦後に登場したもの探しを行い，映画「ALWAYS 三丁目の夕日'64」でのオリンピック開催の場面とつなぎ興味付けした。第2次では，戦後に登場したものが，どのような人々や出来事とかかわり，生み出されたか調べた。その際，Tさんから，戦後のくらしの話を聞く学習を行った上，新幹線開発の学習を行った。新幹線開発の学習では，三木たち技術者が「速さ」と「安全性」にこだわった理由を話し合い，当時の人々が技術を生かし後世にも胸を張れる平和な世の中を築こうとしていたことをつかませた。そして戦後に登場したものの一つ一つに同様の背景があることに気付かせ，戦後復興を果たそうとした人々の思いに迫った。第3次では，オリンピックの開会式での涙の意味について話し合い，学習をまとめた。

②指導計画（全3次 12時間構成）

時	主な学習活動・内容	資　料	指導上の留意点
1 2	(1)戦後に登場したもの調べ 　・終戦直後とオリンピック開催当時の様子を比べ，学習課題をつくる	・写真 ・年表	・映画「三丁目の夕日」の一場面を取り上げて，興味をもたせる
3 4 5 6 7	(2)登場したものの背景を調べる 　・戦後改革や日本が国際社会の一員になるまでの動きについて調べる	・年表	・国際社会における日本の立場をおさえる

51

8 9	・ゲストティーチャー（Tさん）の話を聞き，戦後のくらしぶりについて調べる	・写真	・並行して年表づくりを行い，日本の出来事と尾道のくらしをつなげてとらえさせる
	・東京オリンピック前後の出来事を調べる	・年表	・首都高速や新幹線が1964年間近で完成したことをおさえる
	・新幹線開発が，どのような願いを込めてやり遂げられたのかを調べる	・読物 ・映像	・速さと安全性の両面にこだわった理由を考えさせる
10 11 12	(3)学習したことを生かして，自分なりにまとめる		
	・オリンピックの開会式を観た当時の人々の思いを話し合う	・読物 ・映像	・第1次と同場面を提示し，学びの深まりを感じさせる
	・学習したことを記事にまとめる	・新聞 ・記事	・当時の新聞を提示し，意欲を高める

4 指導展開例（第2次 第5時）

主な学習活動　☆子どもの様子	○教師の支援　□評価の観点
1　特攻機と新幹線を同一人物が開発したことから，学習課題をつくる	○映像を視聴し，「速さ」と「安全性」の両面を実現する難しさをつかませる
課題　夢の超特急，新幹線。なぜ世界一の「速さ」と「安全性」を実現させることができたのか？	
2　特攻機と新幹線の特徴を比べる ☆形が流線型で似ているけれど，目的が全然違う	○目的，形，機能の面から考えさせる
3　問題点をどのように克服したかを調べる ☆速さにこだわらなければ，もっと楽に解決できたのに	○読み物資料を使い，蛇行運転を克服するために戦闘機に使われた空気ばねを使用したことをおさえる
4　なぜ三木さんたちが，世界一の「速さ」と「安全性」を実現させようとしたのかを話し合う	○三木さんの言葉を手がかりに，技術を生かして，人々のくらしを豊かにしたいという思いに気付かせる

5　積み重ねてきた技術を生かして，くらしを豊かにしてきたものを出し合う ☆東京タワーや冷蔵庫 ☆尾道でつくられた貨物船 6　本時の振り返りを書く	○終戦後の造船進水式の写真を提示し，Tさんの話を思い起こしながら，これまでの学習とつなげる ○映像を視聴し，ノートにまとめる □戦中に培った技術を生かし，戦後の復興を支えようとした人々の姿をとらえている

5 「子どもの育ち」をとらえる 評価 の工夫

子どもＡの感想より

> 　私は，新幹線開発の学習をし，戦争で使われた飛行機の技術を利用して，速さと安全性を実現させていると知りました。特攻機は，自分の命を犠牲にして敵を倒すために飛びます。でも，新幹線は大勢の人々を，速く安全に運びます。きっと三木さんたちは，特攻機で亡くなった人たちや戦争で犠牲になった人たちの分まで，人の命を奪うものではなく，人に喜びを届けるものをつくりたかったのだと思います。○○くんは，速さを世界一にしたかったのは，戦争で負けた日本人がここまで復興したことを世界に示したかったと言いました。そのことをふくめて新幹線はみんなに夢と希望をくれたと思います。それは，この聞いてくださったTさんの話にあった尾道の船と同じような感じで，きっとTさんをはじめ当時の人々が，三木さんたちと同じような思いで戦後のくらしをつくったと思います。

　子どもＡは，感想のなかで，自分の考えの深まりをまとめている。はじめは，戦後に登場した新幹線などを単なるものとしてとらえていたが，それらを人の姿やかかわりとつなげて学習することで，人々の努力や営みの証としてとらえられるようになっていた。単元にはいくつかポイントとなる学習がある。そのポイントとなる学びの姿を丁寧に追うことで，その子なりの成長や学びをとらえることができると考える。

◆ 参考資料

1）『プロジェクトＸ　挑戦者たち　執念が生んだ新幹線～老友90歳・飛行機が姿を変えた～[DVD]』NHK エンタープライズ，2010年

（大野　耕作）

第7節 「海からの視点」にこだわる社会科授業づくり

――小学校第6学年単元「航路啓開」

こだわりの視点

・事実を疑え！ 「真実は，いつもひとつ……ではない。」
・海から観よ！ 「今まで見えなかったものが，見えてくる。」

1 「わかる」社会科授業をつくるポイント

「わかる」社会科授業のポイントは，学習内容を教師がしっかりと「わかっている」ことである。当たり前のことのように思えるかも知れないが，実にここのところが大切である。「氷山の一角」という諺があるように，海上に見えている部分は，氷山のほんの一部分である。その殆どは，海中にある。授業もこのようなもので，授業として見えている部分は，授業のために行った教材研究のほんの一部分である。その殆どは，授業のなかで見ることはない。しかし，この見えない部分が授業を支えているのだ。「わかる」社会科授業とは，教材研究をいかに具体的に行うかにかかっているのである。

それでは，「わかる」社会科授業をつくるポイントを，「こだわりの視点」から考えてみよう。

①事実を疑え！ 「真実は，いつもひとつ……ではない。」

「真実は，いつもひとつ！」これは，青山剛昌氏原作のアニメ「名探偵コナン」の決め台詞である。しかし，社会科でとらえていく社会的事象の真実は，そうではない。「真実は，いつもひとつ……ではない！」のである。これは，青山氏に挑戦するものではないことをお断りしておく。社会的事象は，見方を変えれば，いかようにもとらえることができるということを表現したものであり，社会科が多面的・多角的な見方を大切にしているということである。

そのため教材研究の第一歩は，教材化しようとする事象を，まず疑ってみ

ることだ。教科書執筆者の方々には誠に申し訳ないが，教科書を読みながら，「本当かなあ？」等と疑ってみる。社会的事象や歴史的事象を完全無欠に教科書に記述することは不可能である。教科書といえども紙面の都合もあり，一面的にならざるを得ないのだ。

②海から観よ！　「今まで見えなかったものが，見えてくる。」

　社会的事象を多面的・多角的に見るといっても，なかなか難しい。そこで私は，「海から観る」という視点を一つ加えている。視点を一つ加えるだけで，今まで見えなかったものが見えてくるのである。この時に留意しなくてはならないことは，「事実を大切にする」ことだ。問題解決に向けて，仮説を基に推理していくが，自分の仮説にこだわるのではなく，あくまでも事実を大切に進めていくのである。そうでないと自分の立てた理論に合うように，事実の方を曲げてしまう危険性があるからだ。

　そうなると授業は，単なる教師の思い込みで展開され，延いては子どもに誤った認識を育てるだけでなく，偏見を植え付ける結果に陥ってしまう危険性が多分にある。

2 見方・考え方を鍛える教材づくりの視点

　いったい誰の「見方・考え方を鍛える」のだろうか？　当然「子ども！」と答えが返ってくるように思うが，私はそうは思わない。「こだわりの視点」から考えていただくと，もうおわかりであろう。教師である。教師の教材に対する見方・考え方が鍛えられていないと，子どもの「見方・考え方を鍛える教材」をつくることは不可能である。単元「航路啓開」を事例に，「こだわりの視点」から見ていく。

①教科書は，真実か？

　太平洋戦争は，ご存知のように日本が中国や東南アジア，南洋諸島に資源を求めて，軍隊を動かしたことに端を発する。そして日本は，ねらい通りに

資源のある地域を占領していった。その後，真珠湾攻撃の痛手から回復したアメリカの反撃により終戦を迎えるのである。当時の国民生活についても教科書は記述している。「欲しがりません 勝つまでは」等というスローガンが掲げられた画像が掲載されている。これらの事実から，戦禍の広がりや当時の国民生活，日本の統治下に置かれた国々の様子，空襲や原爆投下の惨禍等について学習が行われる。そして，その後にアメリカ軍の占領下に入り，日本は民主国家として生まれ変わるという流れである。これらは事実である。どこに「本当かなあ？」があるのだろうか。それは，次の3点である。

①スローガンを掲げている画像の場所は，都市部である。

②疎開先は，主に農村部。そこでは，貧しいとはいえ三食ある。

③戦後，都市部の人々が農村に行き，生活するために着物などの物品と作物を交換していた。

　これらのことを整理していくと，「食糧難などの苦しい生活は都市部に多く，農村部では，さほどでもない？」という疑問が出てくる。しかも，戦争の原因が資源にあるのなら，占領地から，移入すればよい。しかし，なぜこのようなことになってしまったのだろうか。これがアメリカ軍の反撃に原因があるのであれば，いったいアメリカ軍はどんな反撃をしたのだろうか。謎は深まるばかりである。このように，事実を疑っていくと新たな謎が出てきた。「真実は，いつもひとつ……ではない。」のである。

②海から観ると……！

　太平洋戦争の事実を疑って観ていくと，前述のような謎が出てきた。この謎を解いていくと，もう一つの隠された真実に出会えるのだ。この隠された真実に迫っていくのが，「海から観よ！」である。教科書の記述から発見した問題であるので，教科書ではその問題を解決することはできない。そこで社会諸科学の研究成果の活用や，時には実地調査などが必要になる。

　それらを観るために必要な視点が，「海から観よ！」である。

　さて，前述の謎を「海から観て」解いていく。日本は海に囲まれているの

で，物資の輸送手段は，主として「船舶」である。アメリカは，この船舶（輸送船）をねらって攻撃したのだ。その結果，日本へ物資を運ぶ日本商船隊は壊滅してしまった。またB29による空襲は，都市部だけではない。海上にも行われた。機雷の投下である。無数の感応機雷が日本列島を囲むようにして，また日本の海運の大動脈である瀬戸内海や下関にも大量にばらまかれた。動く船もなければ，動かす海もなくなってしまった。満州国からの移入もできない。完全に封鎖されてしまった。資源や物資が，全く入ってこない状態になった。アメリカは，これを「飢餓作戦」と呼んだ。兵糧攻めである。これで日本の敗戦は決定した。これがアメリカの反撃である。原爆投下は駄目押しである。どうだろう。教科書では見えない事実が見えてきた。見えないものが見えてくる。わからないことがわかる。なんと，楽しいことではないだろうか。しかし，これが本実践の核心ではない。戦後，これらの機雷を取り除き海上封鎖を解き，再び日本が国際社会に登場する機会をつくった人々の働きこそが，本実践の内容なのである。

③「主体的・対話的で深い学び」を実現する授業デザイン
——資料を加工せよ！　言葉を具体的に示せ！

①改善の視点

「事実を疑う」「海から観る」の2点にこだわって進めていけば，「主体的・対話的で深い学び」を実現する授業を構成することは，さほど困難なことではない。これまで教師が行ってきた教材研究の過程を，子どもにも辿らせればよいのである。「事実を疑う」ことから，学習問題が構成される。問題解決に向けて，教科書や資料集，教師が提示する資料を基に学習が進められる。これは，教師が試行錯誤しながら行った「教材研究」の過程と同じである。社会科は，子どもによる社会の研究であるから，教師の行った教材研究を辿る授業は，勉強よりも研究に近付いている。

ここでの留意点は，提示する資料にある。資料は，「事実を観る資料」「考える資料」との2つに大別できる。ここでは，子どもが進んで資料を活用す

ることができる（資料との主体的な対話ができる）ように，適切な加工が必要である。また，言葉も具体的でありたい。「様子」「特徴」「特色」「よさ」等の言葉を社会科は多用するが，抽象的で意味不明に陥り，主体的・対話的でなくなり，浅い学びとなってしまうことがあるからである。

②指導計画（全3次 3時間構成）

時	主な学習活動・内容	資　料	指導上の留意点
1	(1)終戦後も相次ぐ船舶被害 ・終戦後，海外から約650万人の邦人を引き揚げなくてはならないことと，その方法について考える ・引き揚げ手段について考える ・戦争により日本商船隊が壊滅したことから，日本には引揚船が不足していた事実を知る ・戦後も被害を受ける船舶が多いことに問題意識をもち，その原因について考える	・終戦直後の日本周辺地図 ・戦後の触雷船隻数	・敗戦により武装解除させ，邦人を帰国させなければならなくなったことを知らせる ・引揚港の位置と瀬戸内海に引揚港がないことをとらえさせる ・戦後なのに船舶が被害に遭っていることに疑問をもたせる
2	(2)日本飢餓作戦 ・日本の海を覆い尽くす機雷の存在について，資料よりとらえる ・機雷の数と種類と当時の技術では掃海不可能だった感応機雷の存在について知る ・日本の地理的環境や原料や物資を運ぶ手段から，	・機雷敷設分布図 ・機雷の画像等	・分布図により，船を走らせる所がなくなるほどの機雷に気付かせる ・掃海不可能な機雷の存在を知らせる ・日本に原料や物資が入ってこなかったことと，当時の国民生活との関係をとらえさせる

第1章　教材研究にこだわる社会科授業づくり

	アメリカによる「日本飢餓作戦」のねらいについて考える		
3	(3)機雷掃海と日本の復興 ・掃海部隊の存在について知る ・命がけの機雷掃海 ・機雷掃海の任に当たった人々の思いや願いについて考える	・機雷掃海画像	・武装解除をしたが，掃海部隊だけは解散されなかった理由について考えさせる ・「命，一万円で買います」の船員募集があった事実を把握させる
	・1951年に需要航路・港湾の安全宣言が出されたことと，日本の貿易の復興との関係について考える	・日本の貿易推移グラフ	・掃海の進捗と貿易高の推移から，日本の復興をとらえさせる
	・香川県金刀比羅宮の「掃海殉職者顕彰碑」が建立されたいきさつについて，資料から読み取り，当時の社会背景と掃海殉職者について思ったことや考えたことを発表する		・機雷掃海での死者は戦死ではなく殉職となった意味を考えさせる ・船舶不足で定員過剰になり増えた船舶事故の位置と本四架橋の位置から考えさせる
	・機雷が原因となって船が不足し，定員超過で運行するため海難事故が増えたことと本四架橋との関係について考える	・本四架橋と船舶の遭難位置地図	
	・現在も機雷掃海は引き続き行われている事実を知る	・顕彰碑画像	・ニュース報道から，機雷掃海が現在でも行われていることを理解させる

4 指導展開例（第3次　第1時）

本時のねらい…我が国の戦後復興は，アメリカの飢餓作戦によって敷設された機雷を掃海することなくしてはあり得なかった事実を知ることを通して，機雷掃海に携わった人々の思いや願いをとらえる。

59

主な学習活動　☆子どもの様子	○教師の支援　□評価の観点
1　前時までの想起をする 2　掃海部隊の働きを知る 　☆あれだけの機雷を取り除くには，ど 　　れだけの時間がかかるのだろうか 　☆とても危険な作業だ 　☆いつ爆発するかわからない	○日本へは，海上輸送であり，アメリカ 　の「飢餓作戦」のねらいを想起させる ○動画「日本ニュース：戦後の掃海」を 　観て，命がけの作業であることをとら 　える ○磁気水圧機雷は当時の技術では掃海不 　可能であり，直接船を触雷させる方法 　しかなかったことに気付かせる ○「人の命，一万円（現代で1000万円） 　で買います」という船員募集が朝日新 　聞に掲載されたことを知らせ，それほ 　ど危険な作業であったことを理解させ 　る

> 課題　命がけの仕事なのに，どんな気持ちで，どんな思いで，どんな願い
> 　　　をもって掃海作業をやっていたのだろう

☆一日も早く，日本を復興させたい ☆船が安全に動く海に戻したい ☆お金のためかもしれない	○戦中は勝つために行っていたが，戦後 　は日本復興のためという全く逆の考え 　であったことに気付かせる ○様々な考え方があるが，掃海隊員の働 　きが日本の復興につながったことをお 　さえる
3　1951（昭和26）年に各重要航路， 　港湾に対する安全宣言が行なわれた事 　実から，この後の我が国の貿易はどう 　なるか予想する 　☆輸出額も輸入額も安全宣言後に急激 　　に伸びている。機雷が除去された 　　（掃海された）からだ	○「戦後の輸入総額と輸出総額の移り変 　わり」のグラフより，輸出総額も輸入 　総額も1951年から急増している事実か 　ら，機雷掃海完了後に我が国の貿易が 　急成長していったことを理解させる
4　機雷掃海を行った人々はどうなった 　のかを考える 5　「掃海殉職者顕彰碑建立趣意書」を 　見て思ったことや考えたことを発表す 　る 　☆機雷掃海で亡くなった人たちは，靖 　　国神社に祀られていないのだ 　☆海に囲まれた日本だから，みんな感 　　謝しただろうな	○戦後の機雷掃海による犠牲者は，英霊 　として靖国神社に祀られず，戦没者追 　悼式も行われない事実を知らせる ○1952（昭和27）年に瀬戸内海をはじめ 　として各重要航路，港湾に最終的な安 　全宣言が出され，掃海作業が我が国の 　海運や貿易に偉大な貢献をしたことに 　感謝し，全国32港湾都市の市長が発起 　人となり，香川県の金刀比羅宮に顕彰 　碑を建立し，毎年，慰霊祭を行ってい 　ることを知らせる

第1章　教材研究にこだわる社会科授業づくり

6　我が国の戦後復興と機雷掃海との関係について，考えたことや思ったことを発表する	○戦後復興や，現代にいたる我が国の発展もこの「機雷掃海」なくしてはあり得なかった事実をとらえさせる □機雷掃海に携わった人々の思いや願いを考えながら，日本の復興は日本人自らが行っていたという事実を踏まえて，今後の我が国の方向について考えている
7　瀬戸内海の海難事故の海域と本四架橋ルートを比較し考えたことを発表する	○機雷による船舶の減少で，定員超過が原因となり海難事故が増え，それがきっかけとなって本四架橋の構想が誕生したことを理解させる
8　現代も機雷掃海は続いている事実を知る	○戦時中ばらまかれた感応機雷は，今も残っており，海上自衛隊が掃海を行っていることを知らせる

5 「子どもの育ち」をとらえる 評価 の工夫

　一つの学習活動には，必ず一つ以上のねらいがある。子どもがそのねらいを達成しているかどうか評価しながら，授業を進めていく。達成したと評価すれば，次の学習活動へ進む。達成していない時には，その学習活動にとどまるか，別に用意している学習活動を用いて達成するよう導いていく。いずれにしても教師は，子どもの発言内容や学習態度などを総合的に評価している。それは教師の「主観」に基づくものである。また評価は，「客観的であるべきだ」とし，「振り返り」と称して書かせたり，「ポートフォリオ」として作品を保管したりする。そして，それを基に子どもの変容を見る。このような評価は，往々にして手段が目的となってしまう。また，評価しているのは教師の「主観」によってである。「客観」という言葉はあるが，実際にそのようなことはない。最終的には，その人の「主観」である。日々授業は，教師の主観的評価で行われ，積み重ねられていく。それゆえ，評価規準の明確化と，評価する目を鍛えるためにも，日頃から「真実はいつもひとつ……ではない。」という姿勢と，「海から観よ！」という視点を大切にしているのである。

(村上　忠君)

61

第8節 当事者へのインタビューにこだわる社会科授業づくり

——小学校第5学年単元「情報ネットワーク」

こだわりの視点

- ・現地に足を運び，当事者へのインタビューを基にした資料を作成
- ・人の相互関係や社会の多様性といった社会的事象の見方や考え方を活用して解釈する教材の提示

1 「わかる」社会科授業をつくるポイント

　現地に足を運んだインタビューにこだわりたい。理由は2つある。まず，社会は人によって営まれているからである。実社会には経済法則等の科学的な概念だけでは解釈できない営みが多くある。例えば地域への愛情や仕事への誇りといったことである。また，人は課題や悩みがあるからこそ工夫をしたり努力したりするのだ。さらに，インタビューでは抱える課題や今後の目標についても伺ってきたい。このようなことは実際に足を運び，よい授業をしたいという熱意を先方に示すからこそ教えてくれ，資料提供をして下さるのだ。もう一つの理由は，社会的事象の役割や意味を教師が説明するのではなく，対象者が語るなかで子どもが気付いていく授業展開にしたいからである。そのため，インタビューする内容は学習過程に沿ったものであり，発問と対応していることが重要である。単に「様子や生産方法」についてだけでなく，「困難な点や悩みごと」「社会的事象の意味や役割」や「これからのこと」「市民（消費者）に期待すること」等についても話を伺ってきたい。このような足で稼ぐインタビューこそ「わかる」授業に欠かせない。

2 見方・考え方を鍛える教材づくりの視点

① 「一般的にはAなのに，なぜBなのだろうか」と問える事象の教材化

　社会的事象の見方を，社会的事象の意味を解釈する際の視点と定義する。

第1章　教材研究にこだわる社会科授業づくり

深い学びへの誘いに重要となるのは，既習事項や一般的かつ常識概念では解釈できない発問を教師が行うことである。なぜなら既習事項や一般的な常識概念で解釈できないということは，別の見方で解釈する必要があるからだ。例えば「沢山とりたいはずの漁師さんが，なぜ自ら網の目を広げ始めたのか」「新しいものを開発するだけではなく，なぜ古いものも残そうとしているのだろうか」「消防士さんが頑張っているのに，なぜ消防団もあるのか」といった発問である。これらの発問を行う意図は，先述した別の見方を活用して解釈せざるを得ないため社会認識が深まることに加えて，市民参加の重要性を認識し社会参画意識の芽生えを期待しているからである。

②選択や判断する学習活動の設定

　社会的事象の考え方は，社会のあり方やかかわり方を選択したり判断したりする際の視点として活用され養われていく。「A市の社会保障政策は今後どうあるべきか」「B市の予算をどのように配分したらよいか」や「どのように産業の発展（○○社会）とかかわっていくべきだろうか」等の発問が重要となる。さらに時間軸に着目し，現時点か3年後か10年後かをめどにして，どんな解決策を選択するかにおいても社会的事象の考え方は活用される。また，人の相互関係に着目し，賛成派と反対派，高齢者等の社会的弱者といったどの立場や視点に立って物事を考えるのか，どの立場を優先するべきかを判断する場面においても社会的事象の考え方は活用される。もちろん，そういった話し合いにおいては，年表やグラフ等の根拠となる数値が記された資料が重要なことはいうまでもない。

3 「主体的・対話的で 深 い 学 び 」を実現する 授業デザイン
──実社会の未解決課題を教室へ

①改善の視点

　第5学年「情報ネットワーク」の授業である。第4時までによく整備された情報ネットワークが構築されたという意識をもたせる。第5時には，実際

は低加入率であるという事実に出会う。危機管理室Mさんより，残された課題は災害時情報弱者の方に災害情報を伝達することであると聞く。そのためには市民の協力や参加が重要となる。課題の解決に向けて市民としてのかかわり方を選択・判断する場面を設定する。デジタル情報を補完する共助による情報伝達の重要性を認識しながら，これからの災害情報ネットワークのあり方はどうあるべきか，どうかかわるのかについて話し合う場面を設定する。

②指導計画（全３次　６時間構成）

時	主な学習活動・内容	資　料	指導上の留意点
1	(1)自然災害発生時の情報伝達に問題意識をもつ ・土砂災害の概要と当日の情報伝達状況について知り，災害情報の伝達に関心をもつ	・災害発生時の情報伝達	・子どもの親族に被災者がいないことを確認したい
2 3 4	(2)災害情報ネットワークについて調べる ・広島市災害情報ネットワークにかかわる関係諸機関や情報の伝達経路について調べる ・広島市災害情報ネットワークについて関係図に整理したり学習問題をまとめたりする	・情報ネットワークのパンフレット等 ・情報関係図	・情報のやり取りだけではなく，つながることの利点についても確認したい ・「よく整備されている」という意見を引き出しておく
5 6	(3)災害情報伝達のあり方とかかわり方を考える ・残された課題（災害時情報弱者への伝達）について知り，どうしたら災害情報をより多くの人に伝えることができるのかを考える	・危機管理室Mさんへインタビュー ・予算額等の資料 ・意見文用紙	・自分たちにもできることがあるかを考えることで，社会参画意識の形成を図りたい

第1章　教材研究にこだわる社会科授業づくり

４ 指導展開例（第３次　第１時）

主な学習活動　☆子どもの様子	○教師の支援　□評価の観点
1　前時の学習を振り返る ☆土砂災害を受けて，広島市は災害情報ネットワークを整備した 2　加入率の低さについて考える 「大規模土砂災害が発生したにもかかわらず，なぜ広島市災害情報ネットワークの加入率はたった６％（2016年）なのだろうか。[1]」 ☆面倒で入らない人やそもそも存在を知らない人が多いのではないか ☆入れない人もいるのだろう。例えば携帯電話を不所持の人や高齢者，子どもや視覚障害のある人等は入れない	○よく整備されたものであることを確認しながら，加入率を予想させる ○「知らない」や「手続きが面倒だから」という意見を先に扱い，PRして加入率を高める必要や簡単登録機能があることを確認する。加入率を高めるアイデアを出し合うのではなく，入れない人の立場を早めにクローズアップしたい ○「災害時情報弱者」にどのように情報を届けるかが課題であることを危機管理室Mさんへのインタビューから読み取る
課題　どうしたら災害時情報弱者に災害情報を届けることができるだろうか	
3　災害時情報弱者への災害情報の届け方について考え，発表する ☆市民に無料端末を配布したらどうか ☆市内にスピーカーを設置したらどうか ☆予算が限られているから無理だ ☆災害時情報弱者伝達用のアプリの開発 ☆情報を手に入れた人が，携帯電話をもっていない人に直接伝えたらどうか	○危機管理室にも年間予算があること等の資料も提示できるように準備する □災害時情報弱者の方へ的確に災害情報を伝えることの大切さを認識し，そのための伝達手段を考えることができたか
課題　これからの広島市災害情報ネットワークのあり方について考え，広島市危機管理室に意見文を届けよう	

65

4　「なぜ危機管理室のＭさんは，情報ネットワークだけでなく，通学路での毎朝のあいさつこそが大事」というのだろうか ☆挨拶したら，元気（無事）かわかる。挨拶を通じた顔見知りの人間関係が大切	○あいさつは小学生でもできる防災への取り組みであること。また誰がどこに住んでいるかの把握は，消防署の消防士では不可能なことを阪神大震災の事例から確認する（資料「阪神大震災の救助主体の割合」）
5　長野県栄村大地震での共助が功を奏したニュース映像を視聴する ☆この地域の強い結びつきが深夜にもかかわらず死者０（ゼロ）につながった	○通学路でのあいさつの重要性と実際に長野県で発生した大地震の報道とを関連付けて考えさせる（資料「長野県栄村大地震発生翌日のニュース映像」）
6　多くの人に情報を伝えられる災害情報ネットワークのあり方を考える ☆情報ネットワークに加えて，近所同士が顔見知りとなるような人間関係（ご近助ネットワーク）も大事にしたい	○「今できること・２～３年後をめどに・10年後をめどに」と時間軸で分類したり，「県庁や市役所・自治会や近所・各家庭」と行為主体で分類したりする等，板書を効果的に活用して意見を整理する
7　共助の大切さについて認識する ☆公助だけでなく，自助や共助のそれぞれの情報伝達も大切で，３つが揃って多くの人の命が救える	【公助】国や県庁，消防署からの連絡 【共助】消防団や隣近所等の地域での連絡 【自助】家庭での集合場所等の確認
8　これからの災害情報ネットワークについて意見文を作成し，危機管理室に届ける	□これからの情報ネットワークのあり方について選択や判断ができたか

5 「子どもの育ち」をとらえる 評価 の工夫

①判断力育成と態度面の評価との関連

　「判断力」と「態度面」の評価について関連付けて述べたい。平成29年版小学校学習指導要領解説社会編では「思考力，判断力」は，「社会的事象の特色や相互の関連，意味を多角的に考える力，社会に見られる課題を把握して，その解決に向けて，学習したことを基に，社会への関わり方を選択・判断する力である」とされ，「社会への関わり方を選択，判断する」とは，「社会的事象の仕組みや働きを学んだ上で，習得した知識などのなかから，自分

第1章　教材研究にこだわる社会科授業づくり

たちに協力できることなどを選び出し，自分の意見や考えとして決めるなど
して判断することである」と定義された。実社会に残された課題，特に身近
な地域の課題を取り上げ，その解決方法を構想したり，自分とのかかわり方
を選択や判断したりしていく活動が重要となる。そのなかで次第に，自分も
協力したい，社会にかかわっていきたいという態度の芽生えを期待したい。
判断力育成や社会参加しようとする態度面の評価と関連して小単元終末部で
重視したい学習は，産業の発展や持続可能な社会の実現と自分とのかかわり
を考える活動である。「これからも水産業が続くためにはどうしたらよいか」
や「多くの命を守るための情報ネットワークとどうかかわるか」という社会
制度や仕組みを構想したり，かかわり方を考えたりできる発問を投げかけた
い。このような場面で社会に参画・参加しようと考えることが「態度」とし
て評価される。この場面での学習は討論を中心に行い，小単元終末部のまと
めでは意見文や地元新聞社への投書の作成，シンポジウムや地域の回覧板で
伝達する等の社会へ発信する場を重視したい。また実社会と往還することで
より現実的かつ身の丈に合った社会参加について考えることもできる。社会
参加の具体をイメージしたり，かかわり方を判断したりする際のロールモデ
ルとなるのが，インタビューで語ってくれた人の営みや想い・生き方なので
ある。これからも，インターネットの資料だけではなく，現地に赴き収集し
てきた資料（教材）にこだわりたい。

引用文献

1）澤井陽介「『学習の見通し』を立てる学習活動の重視(1)」『社会科教育』2014年
　　5月号，明治図書，p.127

（神野　幸隆）

第2章

子どもの思考の流れと
一人ひとりの成長にこだわる
社会科授業づくり

第1節　学びの見取りにこだわる社会科授業づくり

――中学校地理的分野単元「中部地方～どうなる？　どうする？
日本一の三州瓦～」

こだわりの視点

・「子どもの思考（論理）」を追い続ける単元計画
・「子どもの論理」と「教材の論理」・「教師の論理」の融合点を目指す
授業

1　「わかる」社会科授業をつくるポイント

岡崎社会科授業研究サークルのこだわり

　「社会科の授業がうまくなりたい。」この志をもつ者が集まり，1988年に愛知県岡崎市で「岡崎社会科授業研究サークル（以下，岡崎サークルと呼ぶ）」が産声を上げた。それから30年以上が経ち，社会科授業研究にも不易の部分と流行の部分があるが，私たちが求めている「わかる」社会科の授業は不易である。まず「わかる」の定義を岡崎サークルでは「事実認識→関係認識→価値認識→価値判断まで子どもの学びが到達すること」ととらえている。そして，私たちが「わかる」社会科授業を構築していく上で大切にしているのが，「子どもの姿」である。いかに教師が学ばせたい内容があったとしても**（教師の論理）**，いかにその教材のもつ特性が優れていたとしても**（教材の論理）**，子どもたちに切実感を抱かせることができなければ**（子どもの論理）**，主体的・対話的で深い学びに到達しているとはいえない。そこで，岡崎サークルでは常に「子どもの論理」を大切にしながら，3つの論理の融合を目指す社会科の授業に取り組んできた。

第2章　子どもの思考の流れと一人ひとりの成長にこだわる社会科授業づくり

② 見方・考え方を鍛える教材づくりの視点

①地域教材の発見

　ここからは実際の授業研究論で示すこととする。子どもが熱中する社会科の授業のためには，子どもが身近に感じるような素材に出会いたい。そのためにできるだけ心のアンテナを立てて生活をしている。本実践で出会った教材が「瓦」である。瓦のルーツは588年に百済から渡来した瓦博士に由来するといわれている。現在，日本一の生産地は愛知県である。少し調べると，三州瓦（愛知県）・石州瓦（島根県）・淡路瓦（兵庫県）が日本の三大産地であり，なかでも三州瓦のシェアは約7割である。大人でも，「なぜなのだろうか」という疑問が湧いてくる。そして，屋根を見上げれば瓦は存在し，三州瓦の主産地，高浜市も近い。ワクワクする教材との出会いが地域で実現した。

②地理的な見方・考え方を鍛えるに耐え得る教材磨き

　三州瓦の教材研究を進めると，地理的な見方・考え方を働かせるための要素が見えてきた。愛知県高浜市の「高浜市やきものの里かわら美術館」を訪れ，瓦生産が盛んになった理由を聞くと，「江戸時代から盛んになったこと（伝統），輸送には水運が利用できたこと（自然），原料の三河土が瓦に適していたこと（自然），大量生産を支える機械を操る技術者が愛知県は豊富なこと（社会的），交通の便が発達したこと（社会的），全国から機械工場を目指してやってくるトラックの『帰り便』に瓦を乗せることで，低コストで全国へと届けることができたこと（関係性）」などの地理的な見方・考え方を働かせるポイントが見えた。さらに，三州瓦は大量生産の屋根瓦と伝統工芸の鬼瓦からなり，どちらの生産者からも授業協力への快諾をいただくことができた。産業が抱える問題点も垣間見え，切実感をもって学べる教材であると確信した。

71

③「主体的・対話的で深い学び」を実現する授業デザイン
──3つの論理の融合を目指す

①改善の視点──目標と働かせる見方・考え方の明確化

　目標がぶれると，何を学ばせたいのかがぶれ，授業がぶれる。定石ではあるのだが，子どもにどんな学びを得させたいか，教師の論理を明確に定めた。

○単元目標

・瓦製造の従事者への聞き取りや，地図・グラフ・書籍等の文献を読み取り，内容を選択して活用することを通して，瓦製造業が西三河で盛んになった理由は，良質の土の採掘や輸送に適した良港の存在などの自然環境と技術革新や技術者の存在等の社会環境があること，そして，現在抱えている産業の衰退という問題点を克服し，持続可能な産業にするために従事者が工夫や努力をしていることだと理解することができる。（知識及び技能）

・三州瓦製造業の持続可能性について，風評被害や需要減退などの問題点と，商品開発や伝統維持などの工夫・努力点を関連付けながら考え，相互批正の場で磨き合うことで自分なりの判断をすることができる。（思考力，判断力，表現力等）

・中部地方が日本に誇る瓦産業が危機に陥っていることに切実感を抱き，今後の産業のあり方を考えるための追究活動や相互批正活動に主体的に取り組むことができる。（主体的に学習に取り組む態度）

　そして，上記の目標に迫るためには，どんな見方・考え方を働かせるとよいのか。授業前に教師が意識できるようにするため，次頁の指導計画に掲載したように，事前に毎時に働かせたい見方・考え方を設定し，授業に臨んだ。

第2章　子どもの思考の流れと一人ひとりの成長にこだわる社会科授業づくり

②指導計画（全7次 10時間構成）

時	主な学習活動・内容	資　料	指導上の留意点
1	(1)中部地方の「産業日本一」を探ろう ・農業・工業の分布と日本一の品目調べ ・瓦生産日本一への気付きと疑問を抱く	・統計資料 「産業」 「地図・中部地方」	・位置・分布 「どのように分布しているのだろうか」
2	(2)なぜ愛知で瓦生産が日本一なのだろうか。資料から調べよう ・自然的要素と社会的要素（消費地・職人集積・機械産業との複合・歴史等）	・瓦関係文献資料	・人間と自然の相互関係 「原料はどこ・何」 ・空間的相互依存作用 「どこで消費されるのか」
3	(3)今後，三州瓦の生産はどのようになっていくのだろうか。話し合おう ・追究の視点づくりと自分の考えの構築	・出荷量グラフ	・選択や配分など 「この地域で瓦産業はどうなっていくのだろうか」
4 5 6	(4)追究活動に取り組もう ・聞き取り・資料・アンケート調査	・聞き取り先 文献資料	・空間的相互依存関係 「全国で消費される瓦の量はどうなっていくのか」
7	(5)追究活動を基に自分の考えをまとめよう ・追究成果を活用した自分の考えの再構築	・今までの資料	
8 9	(6)もう一度話し合おう ・相互批正で多面的・多角的な思考の獲得 ・瓦産業の将来性への価値判断	・今までの資料	・他者が働かせていた見方・考え方に影響を受ける 「私と違う見方・考え方もあるんだな」
10	(7)自分の考えをまとめよう ・瓦産業に必要な工夫や努力への気付き	・今までの資料	

4 指導展開例

①課題に出会う段階

　第１時，眼鏡・自動車・米の３つを提示した。すべて中部地方が日本一のものである。日本一に目が向き，中部地方の特徴的な生産物を調べる活動に進んだ。教科書や地図帳，資料集の統計資料を用いて地図上に生産物を記入していくと，子どもたちは，「東側は農業が盛んだ」「北陸は伝統工芸品が多く出てきたよ」「南側は工業製品が多くあるよ」「中京工業地帯や東海工業地域があるね」と，分布の特徴をとらえた。特に，愛知県は工業製品出荷額が日本一であることに気付いたので，教師が「教室からの景色にも，愛知県が日本一の工業製品があるよ」と声をかけると，自動車，家，電柱と予想を呟いた。正解を製造過程ビデオで見ることにした。粘土でつくられた製品が窯から出て来る様子を見ると，瓦だ！　と声を上げ，瓦と出会うことができた。そこで，グラフを提示した。

「愛知県は『生産量』が増えている」と，割合のグラフを提示したのだが，読み取りを誤って発言をする子どもが続いた。資料提示の問題点を教師は感じつつも，子どもから「土はどこにでもあるのに，なぜ愛知県が瓦生産日本

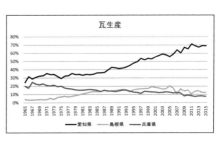

一なのだろうか」という意見を引き出すことができたので，次時にはこれを課題として追究活動を進めることにした。

　第２時は，瓦に関する多様な資料を教師が用意し，読み取りを進めた。

　右頁の板書から，多様な見方・考え方を働かせ，資料を読み取っていることがわかる。三州瓦というブランドは，多様な要素が複合して日本一へと育っていったことをつかんだ時間となった。

　第３時は，前時を振り返った後に，２つのグラフを提示した。１つ目は第１時に提示したグラフで，２つ目は「瓦の出荷量」グラフである。以前の読

第2章　子どもの思考の流れと一人ひとりの成長にこだわる社会科授業づくり

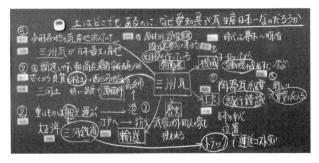

み取りの間違いに気付くと同時に、瓦出荷量の減少から、「三州瓦はどうなってしまうのか」という切実な危機感も湧いてきた。しかし、話し合いでは、前時の資料を根拠にした意見か、予想しか出てこない。そこで、学習課題を

「三州瓦産業は今後どうなっていくのだろうか」とし、追究を進めることにした。追究計画を立て、次時から追究が始まった。

②追究する段階

第4～6時の追究する段階では、まず資料による追究活動から始まった。パンフレットや統計資料から表のような内容を抜き出した自作資料を作成し、

資料の内容
・生産量　・会社数　・従業員数
・窯数の推移グラフ
・瓦の使用メリット　・デメリット
・耐震基準　・多様な瓦製品写真

そこからの読み取りとした。子どもAは「パンフレットにはいいことしか書いてないのだよな」と批判的思考を働かせながら、読み取りを進めていった。資料を主に読み取った子どもは瓦産業が拡大する方向に考えを抱き、グラフを主に読み取った子どもは縮小の方向に考えを抱いた。しかし、資料では実態をつかむことができていない。そこで、①消費者（保護者）へのアンケート調査　②屋根瓦組合への聞き取り調査　③鬼瓦製造会社への聞き取り調査を行い、現実社会の状況を追究することにした。

聞き取り調査では，実態をより詳しく聞き取ることができた。風評被害の実態（アンケート結果にも大きく表れた）や消費者の瓦に対する抵抗感，生産額の減少などの危機をお話しいただきながらも，リサイクル活動や環境保全の努力，防災瓦の開発や軽量化などの工夫も聞き取ることができた。子どもAの感想には「**立場**：悲しいけれど縮小　**感想**：（要約）瓦がとてもいいことはわかったけれど，それが伝わっていないのが現実だと思いました。」とあった。

教師からの聞き取り調査

③相互批正する段階（第6次　第1時）

追究活動後の相互批正では，下記の指導案のように授業を展開した。

主な学習活動　☆子どもの様子	○教師の支援　□評価の観点
課題　三州瓦産業は今後どうなっていくのだろうか。話し合おう	
1　自分の考えを意思表示する 2　「成長する」「現状維持」「縮小する」のそれぞれの立場から，三州瓦の将来について話し合う 【成長する】 ☆瓦屋根は長い目で見ると，ランニングコストが安いから 【現状維持】 ☆鬼瓦は伝統工芸で，日本文化を象徴するものだから維持はできる 【縮小する】 ☆震災の風評で瓦屋根は危ないと思われているから	○意志表示板を用意し活用する ○立場を明確にして，自分の考えを主張するように指示する ○根拠となる資料提示を支援する □調べたことを根拠に，自分の考えをわかりやすく伝えているか  友人の発言を傾聴する様子
課題　三州瓦を持続可能な産業にするために今後どうしていけばよいのだろうか	

第2章　子どもの思考の流れと一人ひとりの成長にこだわる社会科授業づくり

3　第2課題について話し合う 　☆地震に弱いなどの風評をなくすため 　　に三州瓦の魅力を伝える努力をし， 　　私たちも伝統文化を大切にしている 　　瓦を守る気持ちをもっていけば産業 　　は持続可能だ	○「工夫」「努力」「文化理解」に関する 　発言をした子どもを称賛する □持続可能な産業にしていくために必要 　な工夫や努力を自分なりに考えること 　ができたか

　子どもは，白熱した議論を繰り広げ，「拡大・現状維持・縮小」を主張し合った。写真は，発言者だけでなく，聞き手も真剣である様子が伝わってくる。議論の核となったのは，子どもAの発言である。前時の感想を把握していた教師が，子どもAを意図的に指名し，「悲しいけれど縮小」の言葉を引き出したことで，第2課題の「持続可能な産業」へと議論を焦点化することができた。

　最後にまとめた子どもの考えには，追究活動を踏まえた，「PRやほしいと思う商品づくり」という生産者の視点と，「風評に流されず，伝統文化を大切にしたい」という消費者の視点からの考えが書かれ，自分なりの価値判断を下す様子があった。

> **CT表　授業の一部**
> 子どもA　悲しいけれど縮小する。
> 教師　どうしてそう思うの？
> 子どもA　拡大してほしいけれど，現実を見ると縮小だから。
> 教師　拡大してほしいと思う人はどうしたらよいのかな？

5　「子どもの育ち」をとらえる 評価 の工夫

　毎時間ポートフォリオ（座席表）を作成し，評価に活用した。追究成果を記録すると共に，個々の考えが「縮小・現状維持・拡大」のどの立場か，なぜ変わった（深まった）のかについて記録した。時には子どもに提示し，学級全体の思考の共有にも活用した。そして，「悲しいけれど縮小」という議論の焦点化のキーワードにもつなげることができた。評価と指導の一体化と，子どもの論理の把握に最も適切な手段は座席表とCT表である。

（森田　淳一）

77

第2節 多面的・多角的な子どもの価値判断を見取る社会科授業づくり

――中学校地理的分野単元「中部地方～国産花火は存続できるのか～」

┌─ こだわりの視点 ─────────────────────
│ ・「子どもの思考」を中心にした単元計画
│ ・多面的・多角的な考察を通して，子どもの価値判断を目指す授業
└────────────────────────────

1 「わかる」社会科授業をつくるポイント

　「子どもの思考は，どのようになっていくのだろう」という視点をもちながら岡崎サークルでは授業研究を行っている。私が「わかる」社会科の授業をつくる上で大切にしているのが，この「子どもの思考」である。

　子どもたちは教材に出会ったとき，問題意識をもっていたり，興味関心が高かったりすれば（つまり，子どもたちに切実感を抱かせることができれば），その教材に主体的にかかわっていく。教材を追究していく過程では，子どもたちの認識と異なる（考えをゆさぶる）事実が発見されれば，さらに追究したいという意欲を高めていく。解決の場面では，他者の意見を聞くことにより，様々な考えがあることを知り，批判的なとらえをしたり自らの考えを見直したりして深めていく。このように「子どもの思考」を中心に据えて単元を計画し，最終的に子どもたちが教材に対して価値判断できることを目指している。この時，子どもの価値判断は，様々な視点から行われるべきである。子どもたちが多面的・多角的な考察をする力を養い，よりよい価値判断が行える社会科の授業に取り組んできた。

2 見方・考え方を鍛える教材づくりの視点

①切実感を抱かせる教材

　本校の学区には，江戸時代から続く三河花火の花火師が住んでいる。三河花火は，江戸時代から続く岡崎の伝統産業であり，毎年，８月に行われる岡

第2章　子どもの思考の流れと一人ひとりの成長にこだわる社会科授業づくり

崎の大花火大会は，多くの子どもたちが見物に訪れた経験をもつ。しかし，その伝統産業も，現在は安価な外国産の影響を大きく受けている。そのようななかで，先に記述した学区に住む花火師は，純国産の家庭用玩具噴出花火「ドラゴン」の復活を実現させた。外国産の影響を受けるなか，「国産の花火を復活させたのはなぜだろう。続けていくことができるのか」という疑問が湧き始めた。子どもたちにとって，身近で切実感のある教材と出会うことができた。

②多面的・多角的な思考ができる教材磨き

　学区に住む花火師に国産花火「ドラゴン」を復活させた理由を尋ねると，「花火は材料が特殊なため，つくらなくなると復活は難しい。また，ドラゴンを望む多くの人たちの支えがあった」と語ってくれた。このことから，国産花火を追究することで，生産者の立場，消費者の立場，材料をつくる関連企業の立場から，多角的な考察をすることができると考えた。また，花火産業は，外国産の台頭，後継者不足など様々な課題を抱えている。よって，国産花火の存続を考えるためには，花火産業の様々な面をとらえることが欠かせないのである。以上のように，国産花火「ドラゴン」の復活は，子どもたちが多面的・多角的に考察することのできる教材であり，切実感を抱いて追究していくことができる教材であると考えたのである。

3 「主体的・対話的で深い学び」を実現する授業デザイン
――追究の視点を自ら見つけ出す時間の設定

①改善の視点――2度のかかわり合いの設定

　本単元では，2度のかかわり合いの時間（子どもたちが自らの意見を互いにかかわらせる場）を設定する。1度目のかかわり合いの時間は，調べを行う前の根拠がない段階でのかかわり合いである。ここで出された子どもたちの予想や意見に対し，教師が「本当にそうなのか」と問い返すことにより，子どもたちの追究の視点が明確になる。自分の予想したことが追究の視点と

79

なるため，子どもたちは主体的に調べを進めていくことができるのである。

　2度目のかかわり合いは，それぞれの視点で追究したことで構築された明確な根拠を基に，自らの考えを全体に伝えるかかわり合いである。この時間は，異なる立場の意見を聞いて，批判的にとらえたり，付け加えたりして，自らの考えを見直し，さらに深めていくものである。このような時間を単元計画に位置付け，授業に臨んだ。

②指導計画（全8次 10時間構成）

時	主な学習活動・内容	資　料	指導上の留意点
1	(1)中部地方の自然環境をまとめよう ・中部地方の気候の特徴とその要因 ・中部地方の地形	・地図 「中部地方」	・場所 「なぜ地域によって気候が異なるのだろうか」
2	(2)中部地方の3つの地域ではどのような産業が行われているのだろう ・各地域の産業の特色 ・身近なところでも伝統産業が行われていることに気付く	・地図 「中部地方」 ・産業の統計資料 ・伝統産業資料	・位置・分布 「それぞれの地域で盛んな産業は何か」 ・人間と自然の相互関係 「なぜ地域によって産業が異なるのだろうか」
3	(3)伝統産業の現状を調べよう ・伝統産業の現状を把握する ・衰退していることを認識する	・伝統産業資料	・空間的相互依存関係 「伝統産業の今を調べよう」
4	(4)国産花火は存続可能か考えよう ・追究の視点を明確にする	・国産花火ドラゴン	・持続可能性 「国産花火はどうなっていくのだろう」
5 6 7	(5)追究活動に取り組もう ・聞き取り，資料等で調査する	・聞き取り先 ・文献資料等	・空間的相互依存関係 「国産花火の生産者・消費者はどのようなことを考えているのだろう」

第2章　子どもの思考の流れと一人ひとりの成長にこだわる社会科授業づくり

8	(6)国産の花火は今後も存続していくことができるのか，もう一度話し合おう ・多面的・多角的な思考を獲得する ・国産花火の将来性への価値判断をする	・これまで活用した資料	・他者の見方・考え方に影響を受ける 「自分にはなかった考え方があるのだな」
9	(7)他の伝統産業の生き残りをかけて工夫を調べよう ・聞き取り，資料等で調査する	・聞き取り先 ・各企業のホームページ	・空間的相互依存関係 「他の伝統産業は，どうなっているのかな」
10	(8)伝統産業のこれからの姿を考えよう ・伝統産業の今後の発展可能性への気付きをもつ	・今までの資料	・持続可能性 「伝統産業のこれからのあり方を考えよう」

4 指導展開例

①教材に出会う子ども

　北陸の地場産業や伝統産業について学んだとき，一人の子どもが「伝統産業って岡崎にもあるよね」とつぶやいた。教師はそのつぶやきを全体に広めるため，「このあたりで行われている伝統産業は何か知っているかな」と発問した。子どもたちは，小学校で学習した内容である八丁味噌，石工など次々に発言し，伝統産業が身近にあることを認識した。そして，伝統産業の置かれている現状について考えた。授業の初めに伝統産業に対するイメージを子どもたちに尋ねた。「人気がない」「高齢者の仕事」「手づくりで大変」等，明るい言葉は聞かれなかった。その後，伝統的工芸品産業振興協会の統計から教師が自作した資料を基に伝統産業の現状を読み取った。子どもたちは資料から「生産額，企業数，従事者数が減少している」「海外からの安価な輸入品が増えている」「後継者不足」等の現状を読み取り，伝統産業に対するマイナスなイメージをより強めていった。

81

第4時の冒頭で「ドラゴン」を紹介した。子どもたちからは「今頃になって国産が復活して売れるのか」「伝統産業の現状が厳しいなかで，なぜわざわざ復活させるのか」という疑問の声が上がった。子どもたちが伝統産業である国産花火への関心を高めたため，単元の学習課題である「国産の花火は今後も存続できるのだろうか」を設定し，1度目の話し合いを行った。

「存続していかない」と考えた子どもは，「国産のものは高い」「後継者がいない」等の視点をもっていた。一方，「存続していく」と考えた子どもは，「国産花火のよさ」「安全性」等の視点に着目することができていた。ここで教師が「今出てきたことは予想が多いけど，本当に事実なのか」と発問すると，子どもたちは「もっと調べないとわからない」と答えた。そこで，次時から個人追究を行うように子どもたちへ伝えた。個人追究をするにあたって，どんなことを調べたらよいかを聞くと，授業の内容から「品質（安全性）・技術」，「価格」，「後継者」という視点があがったので，これらの視点から追究を進めることにした。

	第4時　CT表の一部
T	国産の花火が復活するっていうことを聞いたけど，これから存続していくことはできるのかな。
C1	私は無理だと思います。この前見たけど国産のものは値段が高いからです。
C2	やっぱり花火は質より量だと思います。そもそもいい花火も安い花火も見分けがつかない。
C3	僕も無理だと思います。伝統産業では後継者がいないからです。
	（中略）
T	存続できる側の人はどうですか。
C4	高くても買いたいという人はいると思います。
C5	国産の花火のよさがあるのだと思います。
C6	日本のものは安全性が高い。だから今後も売れていくと思います。
C7	C4さんは買いたい人がいるといったけど，数は多くなく，リピーターは殆どいないと思います。

②追究活動で根拠を明確にする子ども

子どもたちは資料を使って個人追究を行ったが，生産者に聞かなければわ

からない内容も出てきた。そこで，ドラゴンをつくる花火師の方にきていただいた。話の内容は，国産の花火は一度生産をやめてしまうと復活が困難なこと，「ドラゴン」はまだ材料をつくる場所があり復活できたこと，資金集めにクラウドファンディングを使ったところ多くの資金が集まったことなど

花火の迫力に驚く子ども

である。このとき，数人の子どもたちは，これまでなかった，近くで得られる材料という空間的相互依存の視点をもった。数人の子どもが獲得した，近くで得られる材料があるから存続できるという視点を，次時のかかわり合いで全体に広めることで，より多面的なとらえができるようにしようと教師は考えた。また，写真のように実際の「ドラゴン」を見ることもでき，子どもたちはその質の高さを感じていた。

③根拠を基に話し合う子ども

　子どもたちは，これまでもっていた視点を中心に議論を行った。存続できない側が後継者不足を指摘すると，後継者不足を解決しようとする取り組みについて考えを述べた。さらに批判的な意見を出し合うことで，多面的に国産花火をとらえることができた。さらに，教師は「材料」の視点をもつ子どもを意図的に指名した。そして「材料」に関する意見が出たところで，第2課題となる花火の筒をつくる企業の資料（教師がインタビューした内容をまとめたもの）を提示した。そこで子どもたちは，花火の筒の技術（燃えにくい紙の筒）を利用した様々な製品があること，花火づくりを花火師と協力して行っていることを知った一方，苦しくてつらい仕事であること，現在は注文数が減っていること等も読み取った。子どもたちは，存続していくことは難しいかもしれないが，国産花火がいくつもの技術に支えられていることを感じ，「存続していってほしい」という結論にたどり着いた。そして，「質の

よさをもっとアピールする」「インターネットを使った宣伝や販売を充実させる」「漫画やアニメとコラボレーションしていく」など，存続のアイデアを出し合うなかで，自分にはなかった仲間の考え方に触れることができた。

　この授業の最後には，「他の伝統産業も存続できるのか知りたい」という意見が出された。そこで，他の伝統産業についても，存続に向けた取り組みが行われているのかを調査した。伝統産業に対して熱心に向き合った子どもたちは，さらなる追究活動を行うことができた。

第6次 第1時

主な学習活動　☆子どもの様子	○教師の支援　□評価の観点
課題　国産花火は今後も存続していくことができるのか話し合おう	
1　一つの花火を見て，国産か外国産かを考える 2　「存続する」「存続しない」の立場からそれぞれの意見を出し合う 【存続する】 ☆国産花火の方が安全で質が高いから ☆生産者は続けていきたいという思いをもっていたから 【存続しない】 ☆価格は外国産の方が安く，見た目もそんなに変わらないから ☆後継者の問題が深刻だから	○新しい試みでつくられた国産花火を提示する ○自らの立場を明確にして発言するように指示する ○視点を明確にする板書を行う □追究活動で得た根拠を基に自らの考えを述べることができたか ○同じ視点からの内容で，反論がある場合は意図的に指名する ○材料の視点が出てきた時は，教師が資料を提示する
課題　（花火の材料を作る企業の資料を提示して）今後，国産花火はどうなっていくのだろう	
3　資料の読み取りを行う ☆花火の筒をつくる企業も高い技術をもっているのだな ☆花火をつくらなくなると，その技術も失われてしまうから，残っていってほしいな	○花火の筒をつくる企業の聞き取り資料を提示する □材料をつくる企業と花火師の思いに迫り，国産花火を残そうとする新たな取り組みに気付くことができたか

第2章　子どもの思考の流れと一人ひとりの成長にこだわる社会科授業づくり

5 「子どもの育ち」をとらえる 評価 の工夫

①授業日記

　毎時間，授業の終わりに授業日記を記入する時間を確保する。子どもたちは，その日の授業でわかったこと，気付いたこと，疑問に思ったことを記入する。本単元では，「存続する」「存続しない」という立場も明確にするようにした。子どもたちは何を根拠に自らの考えを構築しているのか，そしてそれがどのように変化してくのかを明確に読み取ることができる。

②対話

　授業日記だけでは子どもたちの考え（子どもの理論）をとらえきれないことがある。その際は，子どもと教師の対話を活用する。対話の際に考えを補強するような資料を提供したり，新たな視点に気付かせるような声かけをしたりして，考えを多面的・多角的に深く導く。教師の醍醐味の一つである。

（中根　良輔）

85

第3節 「自ら考え，判断する」過程を見取る社会科授業づくり

──小学校第6学年単元「西郷隆盛と新政府は戦わなければならなかったのだろうか」

こだわりの視点

・子どもが社会的事象に強い関心を抱き，一人調べをしたり，かかわり合ったりするなかで，自ら考え，判断すること

1 「わかる」社会科授業をつくるポイント

岡崎サークルでは，主権者意識を「世の中の出来事に関心をもち，社会の抱える問題を自分事としてとらえ，その問題のよりよい解決を目指して，自ら考え，判断し，行動しようとする状態」ととらえて授業研究を重ねてきた。

子どもにとって「わかる」とは，「社会的事象の事実や関係をつかみ，それらを踏まえて価値判断すること」だと岡崎サークルでは考える。つまり，先に述べた主権者意識の定義でいうと，「（適切な資料を根拠に）自ら考え，判断する」ことができれば，子どもが

資料1：主権者意識を育む段階

段階	主権者意識
5	行動しようとする
4	自ら考え，判断する
3	関係をつかむ
2	事実をつかむ
1	関心をもつ

「わかる」となる。構造的に考えるならば，「わかる」授業のために教師は，授業を構想する際，資料1の1〜4の段階を展開できるように考える必要がある。その判断が発露したのが，段階5の「行動しようとする」（行動化）である。

2 見方・考え方を鍛える教材づくりの視点

①子どもが「え？　なんで？」と強い関心を抱く教材の提示

子どもが歴史的な見方・考え方を働かせて社会的事象をとらえるには，教

第2章　子どもの思考の流れと一人ひとりの成長にこだわる社会科授業づくり

師が魅力的な教材を開発して提示する必要がある。ここでいう「魅力的」とは、「子どもが強い関心を抱く」ことであり，これが資料1での段階1となる。この段階1を意識した教材が「西南戦争の西郷隆盛」である。西南戦争では，それまで新政府の要職に就き，新しい国の礎を築いた西郷が，下野後，それまでの西郷の置かれていた状況とは異なり，新政府と対峙するようになる。その事実に出会った時，子どもは「え？　なんで？　なぜ西郷隆盛は新政府と戦ったのだろう？」と疑問を抱くだろう。その疑問は子どもの既成概念を覆し，思いをゆさぶる問いとなる。この問いが，追究しようとする子どもの意欲のベースとなるのである。

②予想が追究の視点づくりにつながり，適切な支援が追究の意欲を保つ

　「なぜ西郷隆盛は新政府と戦ったのだろうか」という問いをもった子どもは，問いに対する答えを予想する。例えば「西郷は新政府に不満があった」と予想したとする。この予想を確認するため，子どもは「西郷の生涯」や「西郷と新政府の関係」に着目して追究を進める。資料1では2，3の段階である。つまり，子どもが予想することで，何を追究して何をとらえるべきかの「視点づくり」を行っているのである。こうして追究の視点が定まると，子どもは書籍資料を参考にしてわかったことを記録に残していく。教師は子どもの追究意欲に応えるために書籍資料を一人一冊用意したり，学級全体で年表をつくって多様な情報を共有したりする。子どもは追究の達成感を味わい，自らの追究に自信を抱くことができるようになる。

3 「主体的・対話的で深い学び」を実現する授業デザイン
──新たな問いと個人面接，かかわり合いの役割

①改善の視点
（ア）新たな問い

　「なぜ西郷隆盛は新政府と戦ったのだろうか」という問いを追究していくと，西郷と新政府の圧倒的な戦力の差に気付く。その事実を受け，子どもは

「西郷隆盛と新政府は戦わなければならなかったのだろうか」と戦いの是非について新たな問いを生み出す。それをテーマに再び追究し，かかわり合うことで，西郷や新政府など，多様な立場から戦わざるを得なかった理由を語り，当時の世相を一歩深めて知ることができる。

（イ）個人面接

「西郷隆盛と新政府は戦わなければならなかったのだろうか」という新たな問いに対して，子どもはまず，追究で得た情報を基にして価値判断を行う。ここではどのような立場で，何を根拠に意見を構築したのかがわかるようにしたい。このなかでは，「うまく資料に出会えない」「自分の読み取りは正しいのだろうか」等の悩みが個々の子どもに生まれる。そこで教師は一人ひとりと面接し，それぞれの困り感を解消するように努める。

（ウ）かかわり合い

自己の価値判断を基にかかわり合うことで，学びが多様化する。教師は追究の視点を板書で表し，視点ごとに子どもがかかわり合うよう努める。子どもは多様な価値判断に触れることで，自己の価値判断と比較したり，見つめなおしたりして深い学びへと到達していくことができる。

②指導計画（全4次 7時間構成）

時	主な学習活動・内容	資　料	指導上の留意点
1	(1)錦絵を見て，気付いたことを伝え合おう ・西郷隆盛が新政府と戦っている事実と出会う ・西郷隆盛が新政府と戦っている事実についてどう思うか考える	・西南戦争の錦絵	・西郷隆盛と新政府の対立がわかる西南戦争の錦絵から，気付いたことを伝え合い単元を貫く課題を設定する
2 3 4 5	(2)なぜ西郷隆盛は新政府と戦ったのだろうか。調べよう ・西南戦争の発端や内容についてつかむ（西郷隆盛のつくった私学校の生徒	・市や学校図書館，教師の自作の資料	・追究意欲が持続するよう視点を与える ・追究意欲が向上するよう，毎時ノートチェックや面接を行い，追究を認めたり，

第2章　子どもの思考の流れと一人ひとりの成長にこだわる社会科授業づくり

	が暴徒化したという事実） ・西郷隆盛の業績について つかむ（学制や徴兵令な ど，新政府で新しい国づ くりに貢献したこと） ・新政府の業績についてつ かむ（武士の特権をなく し，近代化政策を推し進 めたこと） ・追究するなかで明らかに なった疑問を交流する （戦力の差は明らか，そ れでもなぜ戦ったのか）		褒めたりする ・追究したことがわかり，達 成感をもたせるために，学 級で年表をつくって掲示す る ・追究して得た情報を共有す るために，ノートを掲示す る
6	(3)西郷隆盛と新政府は戦わな ければならなかったのだろ うか ＜○戦わなければならない＞ ・西郷は特権がなくなった 武士の思いを伝えるため に戦ったことをつかむ ・新政府は，新しい国づく りを進めたかったことを つかむ ＜×戦わなくてもよかった＞ ・戦力に明らかな差があっ たことを確認する ・武力行使は時代錯誤であ ることに気付く	・市や学校図 書館，教師 の自作の資 料	・追究時のノートやつぶやき から西郷隆盛が戦うべきだ ったかどうかの是非を考え る時間を設ける ・追究で得た情報を根拠とし て自分の意見を構築するこ とができている子どもを称 賛し，発言を促す
7	(4)戦ったなぞについてまとめ よう ・武士側の視点で考えたら 戦いを望んでいた。新政 府側の視点で考えても戦 いを望んでいた。両者の 思いを知る西郷隆盛とし ては止めることが叶わず， 戦うことでしか決着を見 いだせなかったという世 相や思いをとらえる	・活用してき たノート	・西郷隆盛の生き様や西南戦 争の意義を理解している感 想を意図的に指名し，学び が明確になるようポイント となる言葉を板書する

89

4 指導展開例

　単元の導入に西南戦争の錦絵を提示したところ，子どもたちは「西郷って書いてある！」「西郷隆盛？」と次々に発し，同時に「え？　なんで？」とつぶやいた。明治維新の立役者である西郷が新政府と戦っている事実を知って驚いたのである。「西郷はいい人では？」「西郷は新政府の敵なの？」「西郷はなぜ新政府と戦ったの？」と，子どもたちから疑問が溢れてきた。

　この疑問を基にして，次時からは学習課題を「なぜ西郷隆盛は新政府と戦ったのだろうか」と定めた。子どもたちは課題に対する答えを自ら予想し，その根拠を得るための追究活動へと移っていった。例えば，子どもAは西郷と新政府の関係の悪化に注目し，子どもBは西郷が指導者の立場にあったことに注目した。

　追究は「明治時代以前の西郷」「明治時代以降の西郷」など，子どもたちが立てた視点に沿って進められた。資料は歴史マンガ，歴史資料集など，西南戦争や西郷隆盛に関する書籍を市や学校の図書館から用意した。子どもAは西郷の一生について，新政府との関係に着目して年表をまとめ，子どもBは明治維新後，新政府の要職に就いた後の西郷の具体的な行動についてまとめた。また，追究で得た多様な知識を共有するため，学級で年表をつくる活動にも取り組んだ。追究後の子どもAは「政府は正しくないことをした（征韓論で西郷を批判）」「戦争は弟子たちに勧められてやった（士族の不満）」という事実をつかみ，子どもBも「武士への新政府の対応のせいで（西南戦争に）なったから新政府が少しいけない」と新政府を批判した。またBは「私学校の人たちのめちゃくちゃな行動や不満を前に挙兵するしかなかったのかな」と西郷の思いや葛藤から西南戦争の起きた理由を推察した。学習後，子どもたちの感想を交流すると「負けるとわかっているにもかかわらず，なぜ戦ったのか」という新たな問いが生まれた。子どもA・Bも戦いについて言及していることから，次時は「戦わなければならなかったのか」という視点で再度追究していくこととした。

第2章　子どもの思考の流れと一人ひとりの成長にこだわる社会科授業づくり

　子どもたちは年表を見返したり，追究した歴史マンガを読み返したりしながら「本当に戦わなければならなかったのか」について考え始めた。教師は一人ひとりと面接を行い，子どもたちの困り感を解消しながら意見を構築する助言をした。子どもAは，個人面接で西郷と新政府の出来事について質問し，話すなかで新政府の諸政策が「国民のためであった」ということに気付いていった。そのため「政府の行ったことはすべて正しくて，国民のためだった」と，意見を変容させた。子どもBは自身のまとめたノートをもう一度読み直した。前時に書いた疑問のような意見である「私学校の人たちのめちゃくちゃな行動や不満を前に挙兵するしかなかったのかな」から，「私学校の人たちは取り返しのつかない勝手な行動を取ってしまった（士族の気持ちをこれ以上おさえられない）」と自信をもって意見を構築した。子どものなかには友だちの意見を気にする様子が見られたため，かかわり合いの場を設けることとした。

第3次 第1時

主な学習活動　☆子どもの様子	○教師の支援　□評価の観点
課題　西郷隆盛と新政府は戦わなければならなかったのだろうか	
1　追究したことを基に，自分の意見を発表する ＜戦うべき＞ 　☆武士は特権を奪われ，立場がなくなっていたから ＜戦うべきではない＞ 　☆国力の充実を優先する新政府の方針のさまたげとなるから 2　二次発問を受け，話し合いを振り返って意見を発表する 　☆武士の思いをそれでも伝えたかったから 　☆新政府としては新しい国づくりを進めたかったから 3　まとめを発表する 　☆武士側，新政府側，両者の思いを知る西郷隆盛としては止めること叶わ	○立場と根拠を明らかにして意見を発表するよう指示する □追究を基に意見を発表できた子どもを称賛する ○意見を分類して板書し，視点を明らかにする □意見に付け加えたり，他者の意見を基に新たな意見を発表したりできたか ○「西南戦争は止められなかったのだろうか」という二次発問をする □話し合いを振り返りながら意見を考えているか ○西郷隆盛の生き様や西南戦争の意義を理解している感想を意図的に指名し，学びが明確になるようポイントとなる

91

	ず，戦うことでしか決着を見いだせなかった	言葉を板書する

　話し合いは，新政府の近代化事業を評価する子どもＡと，その意見を受け止めながら，西郷はなぜ戦ったのか，その真相に迫る子どもＢという形で進行した。

資料２：話し合いの意見（資料内，子どもＡをＣ１，子どもＢをＣ４とする）

	（話し合いはそれまで「武力は新政府が上だから戦うべきではない」や「奪われた武士の特権を守るためにも西郷は戦うべき」といった視点で進行し，Ａは西郷が武士や学生のためにしか働きかけていないことに新政府側の立場から意見を述べている）
Ｃ１	西郷は市民ばっかり助けて，新政府はそんなに助けなかったから，（新政府のことは）どうでもいいのかなって。
Ｃ２	新政府の人は，西郷さんのことどう思っているの？
Ｃ３	やっかい。ちょっとやっかい。
Ｃ４	確かに薩摩は西郷国といわれるくらい独立していて，危険だと思われていたけど，大久保はまず薩摩ではなく，佐賀の方で独立しようとしていた江藤新平を見ていたから，この時は，大久保は西郷とあんまり戦いたくない感じだと思います。
	（略）
Ｃ１	私は，西郷は戦わなくてよかったと思います。理由は，新政府に賛成で，新政府の行ったことは全部正しくて，国民のためだと思ったからです。例えば工業を盛んにしたりすることは国民のためのものづくりで，強い軍をつくったのは，他の国が戦争を仕掛けてきたときに日本が負けないためで，政府がやったことはすべて正しかったから，それに反対した西郷はちょっとおかしいです。
Ｃ５	僕はＣ１さんに反対で，新政府は国民を思い，近代化政策のために前進したいし，西郷さんは特権を奪われた武士を思い，守ってあげたいし，別に西郷さんがおかしいわけじゃなくて，どっちも正しい考えがあるから戦わなければならなかったと思います。
Ｔ１	どちらも正しいから戦わなければいけないというＣ５さんの意見に対してどうですか？
Ｃ２	どちらも正しい？
	（略）
Ｃ４	西郷自身はちゃんと戦いを止めようとしていたのだけど，度重なる私学校の人たちの暴走で，最後は弾薬庫を襲われたり，スパイをつかまえてボロボロにしたり，取り返しのつかないことをしてしまい，どうしようもなくなってしまったから西郷は若者の勢いにおされて仕方なく挙兵したのだと思います。

　子どもＡは上の意見からわかるように，新政府側の立場から西郷を批判したり，新政府の事業を評価したりして，追究時に変容した考えにこだわりをもち続けた。

　一方子どもＢは，子どもＡの新政府側からの意見，さらにＣ５の新政府側，西郷側の双方に言い分があったという意見を受け，「どうしようもなく」と意見に加えたことで，西郷の葛藤と決断を感じ取り，やむを得ず西南戦争に臨んだ西郷の姿に迫った。

第2章　子どもの思考の流れと一人ひとりの成長にこだわる社会科授業づくり

5 「子どもの育ち」をとらえる 評価 の工夫

　単元の導入で子どもA・B共に西南戦争時の西郷隆盛に出会い，「西郷と新政府はなぜ戦ったのか」や「なぜ政府と戦っているのか」という疑問を抱いた。また，次時からの追究を経て子どもたちは「負けるとわかっているにもかかわらず，なぜ戦ったのか」という疑問を抱いた。それらを交流し，中心課題とすることで追究心を高めることができた。

　追究時にはA・B共に「弟子の影響で西南戦争を戦った」ことを理解した。これは資料を一人一冊用意したり，年表づくりで情報を共有して共通理解を図ったりしたためだと考えられる。その後「本当に戦わなければならなかったのか」と再度追究した際には，Aは迷いながらも西郷と新政府の年表を振り返ったり，個人面接をしたりしながら新政府側から全体を俯瞰した意見へ変容を見せた。Bは西郷と武士との関係に着目し，西郷の立場に立った意見を構築できた。

　話し合いでAは「西郷隆盛と新政府は戦わなければならなかったのだろうか」という課題に対し，再度追究して変容した意見を繰り出し，他者の西郷側のいい分を聞きながらも新政府にこだわりをもった。Bは意見をつくり出したときから，西郷は私学生の起こした暴動におされて戦ったという見方をしたものの，かかわり合うなかでAの新政府の行った近代化事業の意義を見出し，どうしようもなく戦ったのだと述べている。このことからBは西郷の苦悩や葛藤を感じつつ意見を構築することができたことがわかる。単元のまとめでは，Aは新政府の明治の改革に賛同し，西郷が改革をさまたげた人物で，自分勝手だとまとめた。Bは，西郷さんは自分勝手だとしても士族や平民の不満に寄り添い，優しい人だと結論付けた。子どもA・B共に当時の世相を踏まえ，自分なりの見方で意見を構築することができたことを評価したい。

　追究記録や話し合いのCT表を読み取っていくことで子どもの学びがわかる。

（新井　健祐）

第4節 子ども一人ひとりの思考の深まりと成長に こだわる社会科授業づくり

——小学校第6学年単元「被爆都市広島での復興大博覧会」

こだわりの視点

・学級全員が思いを表現し，受け止める。その思考の流れを教師が把握
し，それらを紡ぎ合うことで，一人ひとりの思考の深まりを促す授業
・毎日を共に過ごす「この仲間と」だからこそ！　一人ひとりの成長を互
いに感じ，自分自身の成長も実感できる，学校で学ぶよさを感じる授業

1 「わかる」社会科授業をつくるポイント

　教師として，目の前で一緒に学ぶ子どもたちに，一番伝えたいことがある。
子どもたちの未来を見据えた上で，今，考えてほしいことがある。しかし，
教師自身がそれらを明確にすることができなければ，子どもたちがそれらを
とらえられる訳がない。何を聞かれても答えられるように教材研究を徹底的
に行い，多くの先生方と議論するなかで資料や流れが精選されていく。教師
自身が，その教材の価値を「わかる」ことこそが，子どもたちの「わかる」
につながる。教師自身の『無知の知』，そして学び続ける姿勢。これが，私
が考える「わかる」社会科授業をつくる第1のポイントである。

　しかし，徹底的に研究された教材だけが存在しても子どもが「わかる」授
業は成立しない。学級の子ども一人ひとりの考え方や理解の程度を教師が把
握し，丁寧に見取ること，それらを丁寧に紡いでいくことで，教材が輝き授
業が躍動する。また，教師にとっても，次なる授業に向けての改善の鍵とな
っていく。それを個人に，さらに全体に返していくことを繰り返し，学び合
う集団を育むことになる。つまり，一人ひとりの「わかる」を仲間の「わか
る」に，そして，仲間の「わかる」を自分の「わかる」につなげ，深めていく。
たとえ同じ教材であっても，学級が変われば授業は変わる。この子どもたち
とだからできた，この子どもたちとでしかできなかった授業がここにある。

94

第2章　子どもの思考の流れと一人ひとりの成長にこだわる社会科授業づくり

このことが，私がこだわる「わかる」社会科授業をつくる第2のポイントである。

　平成27年に広島市立白島小学校で行われた，第53回全国小学校社会科研究協議会研究大会での授業の導入場面に当てはめてみる。単元は，小学校第6学年「被爆都市広島での復興大博覧会」である。前時までの思考の見取りから，3人の子どもを意図的に指名した。3人の感想は以下の通りである。仲間の3人の感想は，これまでの学びの過程における「わかった」を全員で共有することにつながり，本時での学習問題をつくる一助となった。

原子力科学館の地図を見ての感想～子どもA～（一部抜粋）
僕は，この図を見てまず違和感を覚えた。それは，前半は広島・長崎に投下された原爆の悲惨さを伝えるものであったものの，後半の主題は「原子力の平和利用」であり，矛盾しているように思えたからだ。（中略）当時の市民には，とても人気があった博覧会だったそうだが，違和感を感じる人はいなかったのか，感じてもいえなかったのか。それが知りたい。

前時の感想～子どもB～（一部抜粋）
広島復興大博覧会の当時の日本では，復興から発展へと向かっていた。それによって，産業の発展，経済の成長が起こった。そのためには，エネルギーが必要で，世界的にも，より簡単に多くのエネルギーをつくり出せるものが求められていたんだと思う。日本自体も，豊かな生活を求めており，そのよさを紹介していたのが原子力だ。

前時の感想～子どもC～（一部抜粋）
当時の日本は，広島と同じように復興していた。（中略）それだけ復興したということは，広島と同じように，たくさんの人たちが立ち上がって協力したと思う。でも，それで広島の資料館は，今までの展示の目的とはまるっきり違うものを展示することになった。賛成する人はいたのだろうか。私が展示を変えると言われたら，館長のように反対をすると思う。今も原爆の影響で苦しんでいる人もいるのに，原子力の平和利用なんて考えられない。苦しんでいる人を見放しているようにしか思えないからだ。

　教師が時間をかけて選んだ3人の感想だ。この時子どもたちが導き出した本時における学習問題は，「被爆都市広島なのに，なぜ広島復興大博覧会で原子力の平和利用の展示をしたのだろうか」である。授業が動き始めた。

② 見方・考え方を鍛える教材づくりの視点

①「過去」と「今」と「未来」をつなぐ～広島の先人たちの知恵と努力～

　被爆都市広島。私は，歴史的・世界的な視野で見た時，その果たすべき役割は，これまでも，そしてこれからも大きいと考えている。広島で育つ子どもたちには，その自覚をもって生きてほしい。この思いから取り上げたのが，1958年に開催された広島復興大博覧会である。この博覧会は，広島市の復興や産業だけではなく，科学や文化等の成果を紹介することが目的とされていた。そして，原子力科学館と称された原爆資料館（現：広島平和記念資料館）では，原子力の平和的利用が展示されたのである。米ソ冷戦下，高度経済成長期に入ろうとしていた日本では，電気の使用量が増大し，エネルギー需要が高まっていた。被爆地広島で原子力の平和的利用がアピールされれば，普及を進める国の政策に弾みが付くことになる。しかし，原爆の惨禍を被った広島の人々には容易に受け入れられることではない。当時の人々は，苦渋の選択を迫られたはずである。しかし，当時を懸命に生きた人々の様々な思いに寄り添うことができれば，民主主義社会や平和都市の実現に向けて絶えず努力し，懸命に生きた人々の存在に気付くことができる。このことは，現在の日本の問題に通じるものであり，市民生活の安全と国家・社会の発展を求め続けている広島市民の生き方そのものである。

　歴史を学ぶことは，過去を紐解き，今を知り，未来に対する洞察力を磨くことである。これは，とりもなおさず，自らの人生を考えることである。そうであるならば，歴史学習の出口としては，日本をどのような国にするのか，どのような政策をとるのかを他国の思惑にとらわれず，自分の意志で考えていこうとする意欲が高まる単元であることが必要である。こうした主権者としての意識や，問題を問題として自覚し，考えていく力を育てるために，広島の復興過程から，当時を生きた「人」が見える，「人」が感じられる学習過程を意識した。

第2章　子どもの思考の流れと一人ひとりの成長にこだわる社会科授業づくり

③「主体的・対話的で 深 い 学 び」を実現する 授業デザイン
──今を生きながら，当時の人々の思いに寄り添う

①改善の視点──「当時」と「今」を結ぶ手立て

　当時の人々の思いにどれだけ寄り添うことができるか。これは，この単元において，「主体的・対話的で深い学び」が成立するための大きなポイントであると考えた。そのため，3つの手立てを用意した。

　第1に，教室全体に1947年からの平和宣言をすべて掲示したことである。平和宣言には，その時代の世界情勢や人々の思いが表れている。実際に，子どもAとDは，当時と今の人々の思いの差に気付き，危機感を抱いている。

> 平和宣言を読んで〜子どもAの気付き〜（一部抜粋）
>
> 浜井市長の言葉は，最近の広島市長よりも「戦争の放棄」や「世界平和への決意」が強調され，説得力があるような気がする。それは，被爆2年後の言葉であり，市長自身も被爆しているからだと思う。しかし，それを理由にして，あの悲劇を風化させてしまっていいのだろうか？

> 平和宣言を読んで〜子どもDの気付き〜（一部抜粋）
>
> 浜井市長は，被爆者や戦争を経験した人にしかわからない苦しみや悲しみ，怒りと共に，平和への強い思いを訴えていた。8月6日は記憶「されなければならない」とあった。今の人たちをこれで言うと，記憶「してください」と求めているだけだと思う。

　第2に，新聞に載っていた被爆者の方々の様々な被爆体験記を学級通信で紹介し，常時，感想を書かせていたことである。その時代を生きた一人ひとりの思いが各々であったことを知ることは，多様な考えをもつ人がいたことに気付くことにつながる。意図通り，子どもDの思考は確実に深まっている。

> 被爆体験記読後の感想〜子どもDの気付き〜（一部抜粋）
>
> 今まで，敗戦，原爆直後は「悲しい」「痛い」「さみしい」という感情ばかりがあると思っていた。でも本当は，理解できない状況の中で，その上，いつ死ぬかわからない。だから，生きていても死にたい，生きたい，様々な人がいた。自分にその不安がないのは，今が平和だからだと思う。

97

第3は，原子力科学館初代館長，長岡省吾氏の生き方を学習過程のなかに組み込んだことである。当時を生きた一人の人の生き様を通すことで，子どもたちは長岡氏の思いや願いに感情移入する。その時代の社会の姿に迫っていく。この時すでに，子どもＡは「当時」に自分自身を置き，「今」という時代に長岡省吾氏を置いて考えていることがわかる。

長岡省吾氏の生き方を知った後の感想～子どもＡの気付き～
長岡さんは，広島に滞在し，被爆した。そして，資料にするためだけに石や瓦を拾い集めた。これが一番の功績だと僕は思う。1955年，原爆資料館の館長になったのは，長岡さんの信念からだ。その信念とは，原爆で亡くなった人への責任，つまりあの悲劇を繰り返さないために努力をしようという心だ。普通の人（僕も含めて）なら，こんな感情にはならないと思う。「自分は悪くない」と他人事にし，「被爆者だから」と何も努力しないだろう。しかし，それではダメで，今，長岡さんのような人が必要だ。

　このように，「当時」と「今」を結んで，丁寧に一人一人の思考過程を記録していった。間違っているものは修正をし，時にコメントに問いを書いてさらに深め，時に仲間と意見交流させることで「わかる」を共有しながら……。

　そして，全国大会での授業を迎えた。これらの小さな積み重ねが，以下のような子どもＡと子どもＤの最後の感想へとつながっていったのである。ここには，私がこの単元を通して学んでほしかったことが，確かに存在している。

本時のまとめ～子どもＡ～（一部抜粋）
被爆都市広島の「力」を行政が利用したのがこの博覧会だ。その「力」は，原子力により大きな被害を受け，批判の意見が強かったからこそある力だと思う。（中略）僕は，その大きな「力」を十分に使い，平和都市ヒロシマに生きる人間として，世界に平和を発信していこうと思う。
本時のまとめ～子どもＤ～（一部抜粋）
（前略）そんな過去の「強い」思いをいった人のおかげで今がある。でも，他人事でも今はあった。でも今とはかけはなれたものだっただろう。だから，自分も「強く」，他人事にせず生きていきたい。

第2章　子どもの思考の流れと一人ひとりの成長にこだわる社会科授業づくり

②指導計画（全3次 15時間構成）

時	主な学習活動・内容	資　料	指導上の留意点
1 2 3	(1)被爆都市広島と当時の人々 ・敗戦直後の人々は，どのような生活をしていたのか考える ・被爆直後，ライフラインの復旧はどのように進められていったのか考える	・写真 ・被爆体験記 ・スライド ・読み物資料	・当時の様子 ・当時の人々の思い ・当時の人々の努力 ・街の復旧への支援
4 5 6 7 8 9 10 11 12	(2)被爆都市広島から平和都市ヒロシマへ ・調べ問題に沿って調べる3つの視点（市民の活動，浜井市長の取組，外国からの支援） ・調べたことをまとめ，気付きや感想を発表する ・「広島復興大博覧会」は，どのような博覧会だったのか考える ・「広島復興大博覧会」が開かれた当時の日本は，どのような時代だったのか考える ・被爆都市広島なのに，なぜ「広島復興大博覧会」で原子力の平和利用の展示をしたのか考える ・平和都市ヒロシマへの歩みは，どのように今とつながっているのか考える	・スライド ・文献資料等 ・調べた資料 ・文献資料 ・当時の新聞 ・第1会場の館内図 ・長岡省吾氏の収集資料DVD ・平和宣言，平和への誓い	・技術の発達 ・くらしの変化 ・民主的・平和的な国としての出発 ・国の変化と広島市民の生活の変化 ・世界情勢と人々のくらしの変化 ・高度経済成長
13 14 15	(3)ヒロシマで育ち，生きる者として ・広島の復興と平和都市ヒロシマのこれからについて全国に発信する内容や方法を考え，発表する	・これまでの資料	

99

4 指導展開例（第2次 第8時）

主な学習活動　☆子どもの様子	○教師の支援　□評価の観点
1　前時の学習を振り返り，本時の学習問題を設定する ☆原子力科学館に違和感を覚える	○意図的に指名をして振り返りを読ませることで，学習問題を設定し，子どもたちの思考を深める一助となるようにする

> **課題**　被爆都市広島なのに，なぜ「広島復興大博覧会」で，原子力の平和利用の展示をしたのだろうか

主な学習活動　☆子どもの様子	○教師の支援　□評価の観点
2　学習問題に迫る予想をし，話し合う ☆世界全体が原子力による豊かさを求めていた時代だった。日本は外国に追いつきたいと思っていた ☆医療など原子力を悪い方ではなく，いい方に使ってほしいと願う人もいた ☆広島の復興にもつながり，生活が豊かになるかもと思った人もいたと思う ☆広島には，原子力のすごさを訴える権利がある。その権利を使おうとした国や人がいたかもしれない	○既習事項を根拠に予想させることによって，様々な立場の人々の思いを推測することができるようにする ○時代の流れや世界情勢という広い視野で当時，被爆都市広島に視点が絞られていくよう，意図的な指名を行う ○板書を構造化することで，広島という都市の世界的な役割に気付くことができるようにする
3　被爆都市広島だからこそ抱いた，原子力の平和利用への思いを考える ☆8月6日のことを思い出すし，原子力科学館には行くことができなかった人もいたと思う ☆自分たちを苦しめたものが，平和のために使われると聞き，自分自身が認められた気になった人もいたと思う	○これまでの学習に出てきた出来事や人々の思いを振り返ることができるように，これまでの学習の流れを教室に貼っておく □広島復興大博覧会当時，被爆都市広島という立場で，原子力の平和利用の展示がされた訳を考える
4　もし，自分がこの時代に生きていたら，どうしていたかを考え，発表する ☆心の中では反対していても言えない ☆広島という都市の意味まで考えていないかもしれない	○「人」というキーワードで板書を構造化することで，それぞれの時代を生きた人々の思いや考えに気付き，同じように歴史をつくる自分自身を見つめることができるように投げかける
5　本時のまとめをし，次時の見通しをもつ ☆原子力についての権利，義務，使命をもっているのが被爆都市広島である。だからこそ，世界に平和を伝える力をもつ。すべては私たちがどう生きるか次第である。願うだけではなく，他人事にせず，行動していくことが必要	○「被爆都市広島だからこそ」の展示の意味に気付き，様々な思いが交錯するなかでの先人たちの願いや自分自身の生き方を見つめる時間となるようにする □現在の自分たちの問題に気付き，平和都市ヒロシマの一員として生きていこうとしている

100

第2章　子どもの思考の流れと一人ひとりの成長にこだわる社会科授業づくり

5 「子どもの育ち」をとらえる 評価 の工夫

　毎時間，子どもたちに「まとめ」を自分の言葉で書かせるようにしている。その構成は大きく分けて2つである。第1に，まずその時間の学習問題に対するその子自身が出した答えである。ここからは，教師自身がその時間に子どもたちに学ばせたかったことがどこまで到達できたのか，一人ひとりの学びを確認する手立てとなる。得るべき知識を間違えていたり，習得していなかったりすれば，その子に合った支援を考えることができる。第2に，感想である。ここからは，その子がその時間どのような思いをもったのかを知ることができる。これらを把握しておくことで，次時の指名の順序を考え，教師は自らの授業を再構成することが可能となる。

　この年の3月。子どもDは，「卒業文集」の中で次のような文章を書いた。

子どもDの卒業文集『あきらめるな！　自分！』（一部抜粋）

中学校，高校，大学を卒業した君へ。国家試験に挑む君へ。難事件に挑む君へ。これを贈るのは，2016年，小学6年生のあなたです。（中略）いろいろあったけれど，そのすべてが今の僕を，未来の自分を創っている。
これは，過去の君自身が歩んで来た道です。君なりの，自分なりの足で。だから君も，どんなことがあっても人のせいにせず，君なりの，僕なりの道を歩んでほしい。そう願っています。過去に学び，現在を知り，未来に繋げ！

　子どもDは，社会科の歴史学習で学んだことを自分自身の生き方として卒業時まで大切につないでいたのだ。この単元を学び，この子だからこそ書けた，未来の自分へのメッセージがここにある。また，この単元を共に学び，「わかる」を共有してきた仲間だからこそ，この文章に込められた深い思いを理解することができる。さらに，この子の思考を一年間追い続けた私だからこそ，この子自身の成長を実感することができる。

　今，ここ広島で，この子どもたちとでなければできなかった授業。子どもたち一人ひとりの思考を紡ぎ，成長へとつなげていく。これが，私のこだわりである。

（福永　佳栄）

101

第 **5** 節　子どものわかり方にこだわる社会科授業づくり

——小学校第6学年単元「武士とは何か〜武士が政権をとるって？〜」

こだわりの視点

・子どもが生活で身に付けた概念からより科学的な概念へ
・子どもの得意としている「わかり方」を意識した授業づくり

1　「わかる」社会科授業をつくるポイント

　私が考える「わかる」社会科授業は，「子どもが個別的な事象を理解するのにとどまらず，社会的事象の背景にある仕組みまでを説明できる授業」であると考える。このような授業を行うためには，教師が深く教材研究を行うと共に，子どもの成長を何より大切にしていく必要がある。私は，社会科の授業で行うべき使命は，授業で，子どものもつ概念を更新し続けることであり，学習したことで，社会を認識するための枠組にしていく子どもを育てることだと感じている。

　わかる授業づくりのポイントは2つある。1つは，子どもの生活するなかで身に付けたものの見方・考え方からスタートすることである。子どもは普段生活をするなかでいろいろなことを見聞きしたり体験したりし，様々なことを知っている。この「様々」知っていることから学習を進めることで子どもは学習内容に関心をもつことができる。そして，生活で身に付けた知識では説明できない状況を学習中につくり出すことで，子どもの追究心を駆り立たせるのである。そして，新しく学習中に学んだ知識で社会的事象の背景まで説明できた時，子どもはわかったことになり，身に付けた概念が社会を認識する新たな枠組となり得るのである。

　授業づくりのもう一つのポイントは，学習活動を考える際に，子どもの個々の得意な「わかり方」を考慮に入れることである。具体的には，子どもの「わかり方」に最適な学習活動を仕組むこと等である。特に今回着目した

第2章　子どもの思考の流れと一人ひとりの成長にこだわる社会科授業づくり

のは，概念を言語としてとらえる前のイメージづくりのための図化である。

　昨今行われている社会科を含めた授業では，1時間に学習する内容を焦点化して，「めあて」として子どもに明示し，1時間の学習活動を経て，導出される知識を「まとめ」の形で子どもに記述させていることが多い。そこで陥りやすいことは，教師が授業のまとめを行ったことで，1時間の学習内容を子どもに理解させたという感覚をもつことである。しかし，まとめを書かせたところで，子どもはよくわかっていなかったというのも実際のところあるのではなかろうか。

　私は，過去の経験から，子どもは文字情報だけではなかなか学習内容を理解しにくいものだと感じている。子どもの理解の仕方は千差万別であるがため，学習内容と子どもの実態に応じて，教室で最適な学習活動をつくることが必要である。子ども自身がもつ，わかりたいという願望に寄り添いながらも個別の認知特性に配慮しつつ学習活動の工夫の改善を行い続けることこそが，わかる授業づくりのポイントである。

　私が何よりも大切にしていることは，学級内の子どもとコミュニケーションを図ることで，一人ひとりの子どもが私の話を理解している要因について想像を働かせ，一人ひとりの認知特性を探り続けることである。

　今回は，学習したことを言葉にしにくい子どもが多数いて，視覚支援を十分にすると学習内容を理解する子どもが多かったため，子どもが理解するための仕掛けとしては，学習内容を図化することを取り上げた。図化することで，社会的事象の関係性について，図化した過程を言葉にし，命題の形に変換することがしやすいと考えた。人は命題の形にして知識として残すのである。

　つまり，わかる授業づくりには，深い教材研究と，子どもの認知特性を授業のなかで生かす必要があると考えている。

2 見方・考え方を鍛える教材づくりの視点

①子どもの武士に関する素朴なイメージ

　子どものもつ武士かどうかの判断基準は，「戦いそうか，戦わなさそうか」であることが多い。子どもが日常生活で身に付けている武士のイメージは，武装したり，馬に乗ったりするだけではなく，髷を結うといった別の要素をもっていることもある。私は過去6回ほど6年生を担任した経験をもつが，学習を始める前に武士を朝廷との関係で説明した子どもに出会ったことがない。

②本単元で子どもが更新させたい武士のとらえ方

　本単元では，子どもに更新させたい武士のとらえを「武士とは，武をもって上位の者に仕えるもの[1)]」とする。子どもが鎌倉期以降の学習の際に，学習のなかで登場する人物の関係性に着目することでスムーズに武士と朝廷，幕府と御家人といった関係性に気付き，同じ枠組みで武士についての見方を演繹的に拡大させることができるようにしたい。また，学習内容に関することだけではなく，一般的な物事を，それぞれの関係性でとらえるという子どもの育ちの面も大切にしたいと考えた。

3 「主体的・対話的で深い学び」を実現する授業デザイン
——武士を御家人と非御家人に分けてみると

①改善の視点

　鎌倉時代の学習では一般に，ご恩と奉公の関係図を用いて，幕府と御家人とのつながりや，元寇終了後の幕府に対する武士たちがもつ不満についても説明がなされている。しかし，武士のなかには朝廷側に従い続けた武士もいたようである。鎌倉幕府に従う義理も必要性もないはずの彼らが，元寇の際には幕府に動員をかけられたのである。このことの見方を変えると，鎌倉幕府の御家人勢力だけではなく非御家人の勢力も全国に広がっている様子が見

第2章　子どもの思考の流れと一人ひとりの成長にこだわる社会科授業づくり

て取れる。本単元では，武士と朝廷との関係が変化していくことを通して，武士が全国に勢力を広げていることを理解させたいと考え，単元を設定した。

②指導計画　（全4次　7時間構成）

時	主な学習活動・内容	資　料	指導上の留意点
1	(1)武士とは何か ・平将門と押領使の藤原秀郷が戦う様子を取り上げ，「武士とは，上位の者に武をもって仕えるもの」であることを理解した上で，藤原秀郷と武士が政権をとった様子を比較することで学習問題を設定する	・配布資料「天慶の乱」 ・写真資料「鎌倉幕府」	・登場人物の役割や称号「平将門は新皇と藤原秀郷は押領使」 ・時間による役割の変化「藤原秀郷は押領使であることと源頼朝は征夷大将軍になったこと」
2 3 4	(2)力をつける武士 ・保元の乱・平治の乱を通じて武士団が力をつけていき，平清盛が朝廷のなかで太政大臣になったことを理解する ・源氏が力をつけていき，武士が政権をとり鎌倉幕府を開いた経過をノートにまとめる ・承久の乱の時に幕府につく武士がどのようにして幕府のために戦ったか，「御恩と奉公」の関係を用いて，説明する	・配布資料「保元の乱・平治の乱」 ・教科書 ・資料集 ・配布資料「御恩と奉公」	・時間の経過による働き方の変化「藤原秀郷は関東で働いたことと平清盛は京都で朝廷の中で働いたこと」 ・今まで働かせた見方・考え方をすべて活用する ・幕府と御家人との関係「幕府と御家人はどのよう関係になっているのか」
5 6	(3)国難に向かう武士 ・文永の役，弘安の役に際し，鎌倉幕府はどのよう	・配布資料「文永の役」 ・配布資料	・武士と元軍との戦い方の違い「一騎打ちから始める戦い方

105

	にして国難に対応したか, そして, そのことが意味することは何かについて考える ・命を懸けて戦った武士たちの多くが恩賞をもらえなかったことについて自分の考えをまとめる	「弘安の役の戦い方」	と集団戦術」 ・文永の役と弘安の役の戦い方の違い 「弘安の役は極力上陸させないようにして戦った」 「九州に領地をもつ御家人を九州に移住させた」 「非御家人を動員して戦争準備を行った」
7	(4)学習内容のまとめ ・どのようにして武士が力をもつようになったのか朝廷との関係からまとめる	・今までの資料	・多面的・多角的に社会的事象をとらえるために見方・考え方を働かせる

4 指導展開例 （第4次 第1時）

主な学習活動　☆子どもの様子	○教師の支援　□評価の観点
1　前時の学習内容を振り返り, 本単元の学習問題を確認する	
課題　貴族の手下だった武士がどのようにして力をつけるようになったのだろう	
2　平安中期から鎌倉時代に起こった出来事や活躍した人物を振り返る ☆藤原秀郷が平将門を破った ☆平清盛は朝廷の中で力をつけ, 源頼朝は関東で幕府を開いた	○今までのノートを確認させることで, 平安中期から鎌倉時代にあった出来事と, 当時の武士と朝廷との関係を振り返らせる
3　なぜ, 武士が地位を上げることができたのかを班で考える	○前時まで作成した関係図を資料にして, 班で話し合いながらホワイトボードにまとめる
4　話し合った内容を発表し, 武士が地位を上げる要因について話し合いを行う	○各班で話し合った内容を発表した後, 一番影響の強い要因について, 全体で話し合わせる

第2章　子どもの思考の流れと一人ひとりの成長にこだわる社会科授業づくり

☆戦っていくなかでライバルがいなくなったから 5　なぜ，武士が地位を上げることができたのか，それを維持することができたのか図化した後文章で自分の考えをまとめる ☆武士が戦うことで徐々に朝廷内での地位を高め，後には，武士は政治を担うまでの存在になった。また，武士たちは権利を上位の者に守ってもらうことを約束した関係でつながることで武士の政治を行った。結果的に国難に乗じて，武士の勢力が全国に広がった	□武士が地位を上げることができた理由を朝廷との関係から記述できたか  ある子どもが最終的に作成した武士をとらえた関係図

5　「子どもの育ち」をとらえる　評価　の工夫

　子ども一人ひとり得意なことは違っている。その違いを日々の生活で理解し，一人ひとりの子どもに真摯に向き合うことこそが「子どもの育ち」をとらえる前提条件になると考える。そこに，教師の深い教材研究と適切な学習活動を加え，絶えず肯定的なフィードバックを行い続けることで，教師が子どもの育ちをとらえ，その子どもと共に育ちを分かち合うことが可能になる。

　本単元では，最終時に子どもが毎時間作成した関係図の変化を読み取る活動を設定したことで，子ども自身も単元を通して何を考えたかを振り返りながら追求することができた。学習のなかで子どもが感じている小さな「できた」をしっかりと認めていくことを今後も大切にしたい。

註
1）下向井龍彦『日本の歴史07　武士の成長と院政』講談社，2001年

（市位　和生）

第3章

教育目標と授業理論に
こだわる社会科授業づくり

第1節 「わかり直し」にこだわる社会科授業づくり

――小学校第6学年単元「見えない暴力を見抜け！ コチャバンバ水紛争で何が起こった？」

こだわりの視点
・何となくわかっているだろう社会的事象を取り上げる
・視点移動により，子どもたちに「わかり直し」を図らせる

1 「わかる」社会科授業をつくるポイント

「公園といえば，どんなところですか？」と子どもたちにたずねると「遊ぶところ」や「休憩するところ」という説明が返ってくる。子どもたちにとって，公園が遊ぶところというのは，自分たちの経験と関連している。そのため，一番出てきやすい説明である。ここで子どもたちに，「（広島市の）平和記念公園で遊ぶことができますか？」とたずねてみる。すると，子どもたちははっとなる。「遊ぶのはまずいのではないか？」「でも，公園は遊ぶところではなかったか？」と迷いが生じる。そこで，平和記念公園に出かけ，実際に平和記念公園にきている人たちを観察したり，きている人たちにインタビューをしたりする。すると，殆どの人たちが「平和への祈りをささげにきた」や，「過去の歴史を学びにきた」という説明をした。観察したり，インタビューしたりするなかで，一人も「遊ぶところ」として平和記念公園を使用していないことがわかったのである。

以上の例は，子どもたちが公園について，わかっているつもりだったが，わかっていなかったということを示し

平和記念公園でのインタビュー

ている。佐伯胖（1983）は「わかる」について以下の四つの条件を挙げている[1]。

①具体的な問題が解決できること
②ものごとの根拠が示せること
③現実の社会・文化とむすびつくこと
④関連する世界が広がること

　公園は「遊ぶところ」や「休憩するところ」の説明だけでは、「平和記念公園で遊べるか」という「①具体的な問題が解決」できない。また「遊ぶところ」「休憩するところ」では、「平和記念公園で遊べるか」について「②ものごとの根拠を示す」ことができない。さらに、実際の平和記念公園にきている人たちの目的と、「③むすびついて」説明することも難しい。「④関連する世界が広がって」いないことはいうまでもない。公園は「遊ぶところ」や「休憩するところ」という説明では、西林克彦（1997）のいう「わかったつもり[2]」になっている。

　この「わかったつもり」を抜け出すためには、佐伯（1995）のいう、わかり直す活動が有効である。わかり直す活動とは、「当然と思っていることを疑ってみたり、あらためて「やっぱりそうか！」と感動してみたり[3]」する活動である。

　以上、「わかる」社会科授業をつくるには、「公園は遊ぶところ、休憩するところ」と何となくわかっている社会的事象を取り上げることが有効である。「公園は、祈りをささげたり、歴史を学んだりするところでもある」と、「わかり直す」ことにより、子どもたちがもっている公園の概念を、より深めることができるためである。

2 見方・考え方を鍛える教材づくりの視点

①見方・考え方とは

　見方とは，「僕・私にとって公園は遊ぶところ」と公園をとらえる視点そのものである。このような視点で公園をとらえている子どもたちに「平和記念公園で遊べるか？」と問う。すると，「僕・私がいつも遊んでいる公園と平和記念公園を比べると，平和記念公園には遊具がないよ。だから……」や「実際に平和記念公園にきている人たちに聞いてみたら」といった考え方を働かせるようになる。「公園を遊ぶところ」ととらえているからこそ，どのような問いで，公園の見方を広げる考え方ができるか，組み合わせて考えなければならない。

②「見方・考え方」を鍛える教材づくりとは

　子どもたちの見方・考え方を鍛えるには，「わかり直す」視点移動を意識する（図1）。図中のAは，「僕・私」の視点である。「公園は遊ぶところ」ととらえていた普段使用している公園から，平和記念公園に視点移動をする。この視点移動により，遊ぶところととらえていた公園と平和記念公園を比較する考え方ができるようになる。

　図中のBは，「僕・私」の視点から，平和記念公園をおとずれた「海外の人」への視点移動を表している。この視点移動により，「公園は祈りをささげるところ」と，概念を深めることができる。

図1：2種類の視点移動

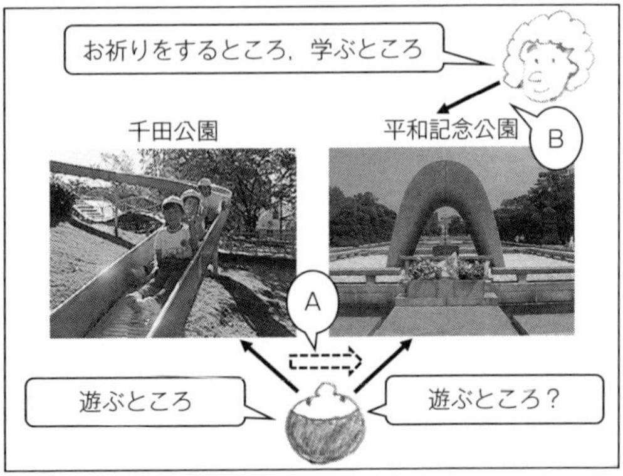

第3章　教育目標と授業理論にこだわる社会科授業づくり

3 「主体的・対話的で深い学び」を実現する*授業デザイン*
―― 平和，暴力の「わかり直し」

　ここでは第6学年「見えない暴力を見抜け！　コチャバンバ水紛争で何が起こった？」を事例にして，授業の実際について述べる。

①改善の視点

　「暴力とは何か？」，この問いには，子どもたちから「紛争や戦争そのもの」といった説明が出てくるかもしれない。しかし，暴力は紛争や戦争といった見えやすいものだけでなく，社会構造にも組み込まれている。このことについて「わかり直す」活動を行っていく。

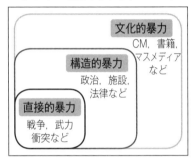

図2：暴力の構造
（ヨハン・ガルトゥング，2000）

　ここでの暴力のとらえは，ヨハン・ガルトゥング（2000）の平和学に依拠している[4]（図2）。本単元では，見えにくい構造的暴力を見抜いていく。

　第1次では，水紛争が起きている地域を取り上げ，水をめぐって暴力に訴えた事例から，武力衝突といった直接的暴力をとらえる。第2次では，ナイル川の水資源をめぐってエジプトが主導してきた協定を考察する。第1次で取り上げた直接的暴力の事例から，直接的暴力がないエジプトの事例へと視点移動を行う。このことにより，ここでの暴力には，戦争や武力衝突といった直接的な暴力だけではなく，「協定」により水利権を独り占めし，自国以外の国々に水を自由に使う権利を奪う構造的暴力が存在していることを理解していく。第3次ではコチャバンバ水紛争を事例とし，水資源開発を行う企業と，水不足に悩む国民に視点移動をする。企業の利益追求では，貧しい人々が水を購入できない事態を生む，構造的暴力について理解していく。

　単元を通して，暴力のとらえを「わかり直し」ていくことをねらいとした。

②指導計画（全３次　７時間構成）

時	主な学習活動・内容	資　料	指導上の留意点
1 2	(1)水が足りない国の最終手段は？ ・水資源が不足している国々では，時に直接的暴力に訴えてきたことを知る	・世界水紛争地図	・水をめぐって，直接的暴力が存在していることを理解させる
3 4	(2)暴力は紛争や戦争だけ？ ・エジプトが主導してきた水資源の協定について，第１次の事例と比較して，構造的暴力を見抜く （視点移動A）	・各種協定（年表）	・協定自体に暴力的な構造が含まれていることについて着目させ，暴力についてわかり直しを図る
5 6 7	(3)国？　企業？　水資源開発は誰が？ ・コチャバンバ水紛争より，水資源の開発は国が行うほうがよいのか，企業が行うほうがよいのかについて考える （視点移動B）	・国，企業水道料金表	・企業，国民の視点で，構造的暴力のわかり直しを図り，解消方法を考えさせる

4 指導展開例（第３次　第３時）

主な学習活動　☆子どもの様子	○教師の支援　□評価の観点
1　コチャバンバ水紛争について知る 2　もしも，企業ならどこに水道をつくるか話し合う（視点移動B） 　☆もうけを出すために，人が沢山住んでいるところへ優先的につくる 3　本時の課題を把握する	○企業の水道事業推進の利点を補説する ○企業としてはもうけを出すことを考えなければならないことに着目させる ○水道施設が，どんな地域にも，公平につくられなかったのではと想起させる

> **課題** 国？　企業？　水資源開発は誰が？

114

第3章　教育目標と授業理論にこだわる社会科授業づくり

☆国，企業のどちらが水資源開発を進めたとしても一長一短あるのではないか 4　課題について考える ☆企業が水道事業をすると，水が買えなかったり，供給してもらえなかったりする場合があった （視点移動A） 5　本時のまとめをする ☆貧しい人々にとっては企業のもうけ優先が「水を供給してもらえない」という暴力を産んでいる	○国は約52％の人々にしか水を供給できていなかったことに着目させる ○企業が水道事業を推進する前と後では，水道料金が約3倍も高くなった。貧しい人々に視点移動させることにより，構造的暴力が生じていることに気付かせる □コチャバンバ水紛争における企業の水資源開発の進め方は，どのような暴力を含んでいたかについて，国民の視点からわかり直すことができたか

5　「子どもの育ち」をとらえる 評価 の工夫

　学校の外でも，学んだことが生かせているか。このことが，「子どもの育ち」をとらえる評価である。もちろん，授業で行う評価もある。とらえ直した「暴力」について，言葉や絵，図を用いて表現する機会が必要である。

　「暴力」のとらえは，子どもたちに学校の外でこそ，生かしてほしい。人権感覚を研ぎ澄まし，周囲の人々を大事にしてくれるよう願っている。

註

1）佐伯胖『「わかる」ということの意味　学ぶ意欲の発見』岩波書店，1983年，pp.160-163より引用，作成：服部

2）西林克彦『「わかる」のしくみ「わかったつもり」からの脱却』新曜社，1997年を参考

3）佐伯胖『「わかる」ということの意味［新版］子どもと教育』岩波書店，1995年，pp.62-63を参考

4）ヨハン・ガルトゥング／伊藤武彦編／奥本京子訳『平和的手段による紛争の転換　超越法』平和文化，2000年を参考

（服部　太）

第2節 社会構造の認識にこだわる社会科授業づくり

──小学校第6学年単元「テルマエの当たり前」

こだわりの視点

・子どもが生きる社会の現代的課題を教材化する
・社会を断片的な知識の集積ではなく，構造化された概念としてとらえ
させる

1 「わかる」社会科授業をつくるポイント

　「わかる」社会科授業とは何か，それは，子どもにとって「わかった」と
いった実感を伴った授業である。様々なメディアによって断片的に，わかっ
たつもりになっている様々な社会の事柄について，「～と思っていたけれど，
実は～だったんだね」「～だからそうなったんだね」等の表面的な理解を，
子ども自身が納得できる段階に引き上げることが社会科授業づくりの主要な
テーマとならなければならないであろう。

　そのためには，教師自身のこだわりが，単に面白い素材への個人的な興
味・関心のレベルにとどまるのではなく，目の前の子どもの実態や学習環境
との関連を踏まえて，授業を構成することが肝要となる。そして，教師自身
のこだわりと子どもや学習環境を結びつけるものが，授業理論である。特に，
知識活用を主目的とする現代の社会科授業においては，子ども自身が既に知
っている内容を外化させた上で，それらとの関連から現状の社会の問題構造
を多面的に追究させ，認識したことに基づき，問題の改善につながる新たな
対案を提示させるといった構築主義的授業展開が，現代的な資質・能力を育
成する上で有効であるといえるであろう。

第3章　教育目標と授業理論にこだわる社会科授業づくり

2 見方・考え方を鍛える教材づくりの視点

①現代的課題に応じた教材づくり

　子どもにとって社会科授業が，有意味に思えるのは，どんな時か。教材面からいえば，本当のことを教えてくれる教材に遭遇したときであろう。それまで見ていた世界が変わって見える時に，社会科授業を受ける意義が実感できるのである。では，本物の世界を見せてくれる教材とは何か。それは，現代的課題を内在している教材である。子どもは日々生活のなかで，様々な社会問題や社会矛盾に囲まれて生活している。学ぶ単元に関する問題（文脈に位置づいた課題）は，必ず存在するのである。教師は様々な社会の課題や問題を素材の段階から，目を光らせ収集しておかなければならない。そして，素材を学習環境に応じて学習材へと再構成するには，教師自身の経験知と授業をデザインする教育的センスが求められるのである。

②多面的・多角的な見方を導く教材づくり

　社会に存在する課題の多くが，なぜ課題であり続けるのか。それは正解が存在しない課題だからである。解決策は状況に応じて変動するものであり，よりよい対策（最適解）を子どもたちなりに構築する学習が必要となる。そのために，現代的課題の問題構造を，地理・歴史・経済・社会等の様々な視点や立場から整理し，構造的で体系的な概念として示すことができれば，多面的・多角的な見方・考え方を活用して追究する授業に改善することが可能となるのである。

3 「主体的・対話的で深い学び」を実現する授業デザイン
——異文化理解学習を「深い学び」に改善する授業構成

①改善の視点——異文化理解学習について

　本稿では，異文化理解学習に関する開発単元を示す。対象としたのは，小学校6学年の「日本とつながりが深い国々」である。この単元の課題は，各

117

国の衣食住を中心とした文化的事象を網羅的に扱い，表面的な知識の集積にとどまること，各国の文化的特質を追究する知識活用の場面が保障されていないこと等があげられる[1]。

そこで，異文化の衝突場面といった日常に存在する現代的課題を教材化することで，子どもの学習関与を高め，異文化の表面的理解にとどまらない文化的背景を追究する学習に改善することを可能とする。また，異文化の文化的背景を構造化された概念として学習することにしよう。各国の文化的事象は，各々の地理・歴史・社会等，多様な背景によって特徴付けられた複合的概念である。それらを多面的な見方・考え方を働かせて追究させることで，各国の文化的事象のより深い理解につなげることができるのである。

以上の視点に基づき，授業展開は，次の通り想定できる。

最初は，子どもの生活経験等から把握している各国に対するイメージを交流し，文化的衝突場面から学習問題を成立させる「問題設定場面」である。次は，問題解決に向けて，各国の文化的事象の多様な背景に基づき概念化を図る「概念構築場面」である。そして，形成された概念を活用し問題構造を追究させることで自らの解釈を明らかにする「解釈構築場面」である。最後に，自らの解釈に基づき，問題解決に向けた対案を提案・交流させることで，対案の妥当性について検討する「解釈吟味場面」を位置付ける。

②開発単元「テルマエの当たり前」

本単元では，特徴的な文化的事象として，イタリア・韓国・日本の「温泉」を取り上げる。入浴習慣といった各国の共通した文化的営みに焦点づけると，日本の温泉施設における「外国人お断り（ジャパニーズオンリー）」といった異文化の衝突場面に遭遇する。単にマナーの問題にとどめるのではなく，各国の温泉・入浴習慣の文化的背景を追究させ構造的な概念としてとらえさせることで，文化的衝突場面の本質的理解を導き，問題解決に向けて，より妥当性の高い対案を提示させることを可能にする。

なお，本単元は，井村美里（京都市立太秦小学校）氏が開発した授業に基

づき，筆者が再構成し提案している[2]。

③指導計画（全4次 10時間構成）

指導目標……つながりが深い国々の入浴習慣に関する文化的衝突場面について，各国の文化的背景を地理・歴史・宗教的側面から多面的・構造的に理解し，日本の文化や習慣との共通点と相違点について考え，異なる文化や習慣を尊重し合うことが大切であることを理解する。

＜単元の展開＞（①～④は場面ごとの取り組みで，右側の見方・考え方と対応）

時	主な学習活動・内容	資　料	指導上の留意点
1	(1)問題設定場面 ①外国人観光客に対するイメージの交流 ②訪日外国人による経済効果のグラフ，外国人観光客の訪日目的に関するグラフから訪日観光の現状の把握 ③小樽の温泉施設の看板「外国人お断り（ジャパニーズオンリー）」から学習問題の設定	・「訪日外国人の経済効果」グラフ ・「外国人観光客が訪日前に期待していること」グラフ ・小樽の温泉施設の看板（ジャパニーズオンリー）の画像	①異文化の先行イメージ ②グローバル社会における相互関係 「何を求めて日本を観光するのか」 「日本の観光地にとって，どんな恩恵があるのか」 ③規範と個人の感情との対立関係
	課題　なぜ，日本の温泉に入りたかったのに入ることができないのだろうか		
2 3 4 5	(2)概念構築場面 ①学習問題に対する予想の交流 ②温泉が生活に位置づく日本・イタリア・韓国の温泉・入浴習慣の特徴の把握 ③3か国の温泉・入浴習慣の背景を地理・歴史・宗教の観点から情報の収集 ④3か国の温泉・入浴習慣の構造的理解（概念化）	・日本，韓国，イタリアの温泉・入浴習慣の地理・歴史・宗教関係の資料	①事象と人々との相互関係 「日本人にとって，外国人にとって，何が問題か」 ②文化の共通性と特有性 「各国の温泉には，どんな特徴があるのか」 ③④文化の多面性 　地理的・歴史的・宗教的観点から社会的事象を比較・分類する。
6 7	(3)解釈構築場面 ①小樽の温泉地での問題の再	・小樽の温泉施設の看板	①学習問題の想起 ②文化的衝突場面の背景につ

| | | 認識
②3か国の構造的理解に基づく文化的衝突場面の解釈
③問題の特定と改善視点の設定 | （ジャパニーズオンリー）の画像 | いて，今までの見方・考え方を働かせ解釈する
③見方・考え方を働かせ，問題点と改善視点を明らかにする |
| 8
9
10 | (4)解釈吟味場面
①改善視点に基づく，対案の作成
②対案に対する意見交流と議論
③これまでの学習を踏まえ，次のパフォーマンス課題に対する意見の形成 | ・対案作成シート
・京都市の外国人観光客のマナー違反の事例，それに対する新聞記事等の資料 | ①②文化的衝突場面の特定した問題に応じた対案の作成と各対案に関して議論する
③これまでの異文化に関する見方・考え方を働かせ，パフォーマンス課題について検討する |

> **課題** あなたは京都市民として，観光問題にどのような対策が必要だと考えるか

4 指導展開例（第2次 第4時）━━ ■ ■ ■ ■ ■ ■ ■ ■

本時の目標……3か国の温泉・入浴習慣の背景を地理・歴史・宗教の観点から情報の収集した内容を交流することを通して，日本との共通点・相違点を考えることができる（思考力，判断力，表現力等）

＜本時の展開＞

主な学習活動 ☆子どもの様子	○教師の支援 □評価の観点
1 前時の復習をする 　☆温泉や入浴習慣には様々な背景がある 2 学習問題を設定する	○各国についてグループで調べ，観点ごとに評価したワークシートを配布する
> **課題** イタリア・韓国・日本の温泉や入浴習慣には，どんなヒミツがあるのだろうか	
3 各班で調べたことを発表する 　☆イタリアでは昔から娯楽として共同浴場がつくられたけれど，ペストの流行で一緒に入ること，キリスト教の影響で他人に肌を見せることを嫌うようになった	○マナー問題にとどまらない文化的背景を追究しようとする意欲を高める ○3か国の温泉・入浴習慣の背景を，黒板に構造的にまとめる

第3章　教育目標と授業理論にこだわる社会科授業づくり

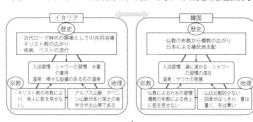
図1：イタリアと韓国の入浴に関する概念構造図例

4　3か国を比較し共通点と相違点を考える ☆温泉が多いことは共通しているが、入浴習慣が違う。各国の歴史や宗教、地理環境が違っているから入浴習慣が異なっている	□温泉・入浴習慣の違いについて、文化的背景から考察している （ワークシートに2点以上、妥当な理由を挙げている）
5　自分の考えをまとめる ☆最初、マナーの問題だと思っていたけど、各々の国の背景が違うのだから、文化の背景を理解した上で対策を考えるべきだ	○最初の予想を振り返らせ、自らの考えの成長を実感できるようにする

5　「子どもの育ち」をとらえる 評価 の工夫

　本単元では、終末段階において、パフォーマンス課題を設定し評価する。パフォーマンス課題は、より身近な地域の文化的衝突場面の課題を設定している。それまで学んだ知識・概念を活用し、様々な情報を収集させ、解決策を考えさせることで、表面的なマナーの問題にとどまらない、異文化に関する認知面、思考面の成長を測ることが可能となる。

▶註

1）松岡靖「メディアによる表面的な理解を問い直す小学校異文化理解学習―第6学年単元『メディアが伝えるオーストラリア』を事例に―」『社会科教育研究』第114号、日本社会科教育学会、2011年、pp.27-40
2）井村美里「多面的・多角的な見方を育成する異文化理解学習の開発―第6学年単元『テルマエの当たり前』を事例にして―」『平成29年度京都女子大学　教育学専攻　卒業論文』の授業開発事例を参照　　　　　　　　　　（松岡　靖）

第3節 「概念カテゴリー化学習」にこだわる社会科授業づくり

——小学校第3学年単元「カープは家族!?」

こだわりの視点

- 概念の名辞を探究する「概念カテゴリー化学習」による授業開発・実践
- 「今，この時！」「この場所で！」「この子どもたちに！」応える，「子どもの心理」と「教育内容の論理」を結びつけた授業の創造

1 「わかる」社会科授業をつくるポイント

　私が考える「わかる」社会科授業とは，「子どもが単元で扱う学習内容を通して，その背景にある社会の仕組みや課題をとらえられる授業」である。このような授業を構想していくには，学習の主体である「子どもの心理（実態・思考等）」に適した学習材や教育内容・方法を選定する必要があると考える。それを踏まえ，私自身，教師のこだわりとして，「今，この時！」「この場所！」だからこそ扱うべき学習材や教育内容を設定することも大事にしたい。

　そのためには，まず「学習材」に関して，①子どもが今，興味・関心のある話題性や切実性の高いもの，②子どもの既成概念をゆさぶる，驚きのある課題を設定できるもの，③実物が用意でき，現物が存在する等，身近で子どもがかかわりをもてるもの，④学習材と子どもとのかかわりを通して，社会の背景にある仕組みや課題・問題がとらえられるもの，⑤子どもが複数の観点から迫ることで，社会の仕組みをとらえたり課題を探究・解決したりできるもの，を踏まえ選定することが重要であろう。これは「学習材」に限らず，授業構成していく上での「学習課題（単元を貫く課題）」や「単元構成・活動」の設定にも当てはまる。子どもが学びたい学習材や学習課題，単元構成・活動となれば，子どもの「主体的・対話的」な学習も可能になろう。

　次に，「教育内容」であるが，単元で扱う学習内容を通して，その背景にある社会の仕組みや課題をとらえるには，昨今までの社会諸科学の成果に基

第3章　教育目標と授業理論にこだわる社会科授業づくり

づく概念や知識，つまり子どもの「深い学び」につながる社会的な見方を習得することが不可欠と考える。これは概念探究学習等，科学的な社会認識をめざす学習において広く知られている。しかし私は，概念探究学習でいう社会諸科学の理論をそのまま教育内容とするのではなく，「概念の意味内容」とし設定したい。まだ社会諸科学の学習をしていない子どもにとって，概念に含まれる理論の習得は発達段階的に難しいからである。小学校段階では，国語辞典に示すような概念の意味内容として解釈する方がわかりやすい。また，ここで取り上げる概念は，概念の「命題」ではなく「名辞」，つまり言葉やラベルとして扱う方が，子どもにとって概念としてとらえやすいと考えた。概念の名辞の重要性を理解していれば，後に専門的な社会諸科学を学んだ時，理論としての概念の命題も習得しやすい。教育内容に関しては，将来社会諸科学の理論を学ぶことも踏まえ，社会を構成する上で重要な概念の意味内容を選定する必要があろう。また，社会の不易な仕組みばかりでなく，子どもたちの今や将来を見据え，グローバル化等，現代・未来社会で重要となる概念やその意味内容も習得できるように配慮しておくことも必要となる。このような「教育内容の論理」と先の「子どもの心理」を結びつける授業が成立すれば，自ずと子どもの「主体的・対話的で深い学び」を育む授業となろう[1]。

　最後に「教育方法」に関して，私は子どもの発達段階や小学校社会科の目標に適した概念の名辞を探究する「概念カテゴリー化学習」を，授業方法理論として提唱する[2]。この学習論では，まず問題解決的な学習を通して学習材の意味内容を獲得する。その後，「これって〇〇（学習材名・概念の名辞）だけ？」という発問形式や具体物の提示を用い，子どもの実感を伴いながら学習材と対象事例との類推―同定や上位概念とのカテゴリー化を図り，学習材の意味内容も一般化していく。最終的に，導き出した概念の名辞を，社会の重要な概念としてとらえていく。本学習論は「子どもの心理」と「教育内容の論理」を結びつける，小学校社会科の有効な教育方法と考える。

123

2 見方・考え方を鍛える教材づくりの視点

　ここでは先の内容を基に，東雲教育研究会で授業公開した第3学年単元「カープは家族!?」を具体として，「今，この時！」「この場所で！」「この子どもたちに！」に応える学習材として，「広島カープ」の設定に至る過程を見ていこう[3]。

①「子どもの心理」を踏まえた学習材の設定

　子どもたちにとって，広島カープは身近で親しみのある地元のプロ野球球団である。その年，25年ぶりのセ・リーグ優勝を果たし，「カープ女子」や選手の発した言葉が流行語にもなり，興味・関心が非常に高かった（話題性）。

　他方，子どもたちは，広島カープが原爆で苦しむ人々の生きる支えとして創設された点や広島市民が協力して守り続けてきた歴史等，広島カープを通して広島市民の輪が広がり繋がる理由は理解していない（驚き・意外性）。

　このように「広島カープ」は，子どもたちの主体的・対話的な学びを喚起しやすく，追究したくなる課題や資料も提示しやすい学習材だと考えた。

②「教育内容の論理」を踏まえた学習材の設定

社会的な見方を鍛える観点から

　近年，グローバル化等急速な社会変化によって，これまでの規範と異なる価値観が生じ，「共同体」を構成してきた人々のつながりを希薄化させ，様々な社会問題が生じている。なかでも「家族」は，我々に最も身近で最小の「共同体」であるため，その影響が色濃く表れている。例えば，家族機能の外部化による家族内の個人化，家族形態の多様化・個族化に伴う少子化や孤独死といった問題があろう。また地域社会でも，個人化に伴う公共意識の欠如など，共同体の存続にかかわる様々な問題が生じている。このような社会状況を踏まえ，未来社会の形成者としての資質を育む上で，家族・地域・国といった社会の枠組み・範疇としてだけでなく，それを構成する「人々のつながり（関係価値）」の必要性を感じられる授業を開発する必要があると考えた。

第3章　教育目標と授業理論にこだわる社会科授業づくり

　そこで社会学者のマッキーヴァーや阿部の考えを踏まえ，グローバル化・情報化によって容易に様々な人々との関係を結合したり切断したりできる世の中だからこそ，私たちが帰属する様々な社会を「共同体（コミュニティ）」としてとらえ直し，それが「互いに支え合う関係性（共同・協同・協働）」によって成立することをとらえさせる[4]。これにより，「共同体」の役割や意義，人々の，社会形成者・主権者としてのあり方を問い直す契機になると考えた。

社会的な考え方を鍛える観点から

　歴史哲学者の内山節は，民主主義とは「小さな規模でないと機能しない仕組み」と指摘する[5]。社会範疇の広がりに伴って，人々のつながりが不明瞭となり，選挙権があるから国民主権は成立するという論法が人々の主権の空洞化をもたらし，民主主義という欠陥のある制度を顕在化させるとした。家族や地域の範疇では互いの顔や様子が見えやすいが，日本・世界と範疇が広がる程それらを感じ取るのが難しくなる。結果，共同体に対する公共性よりも個人への意識が高まり，共同体のつながりにひずみが生まれ社会問題化する。そう考えると，広島カープを通して形成される広島の「家族」や「地域」は，内山が主張する市民が共同体の主役（主権者）となって協働的につながり合う，民主主義社会の理想モデルといえよう。

　現在，選挙権年齢の引き下げに伴い，模擬選挙等子どもの政治参加を促す授業が盛んに行われている。しかし，主権者である子ども自身に「共同体の一員としての自覚」が備わっていない限り，自立した主権者として社会問題の解決はおろか，その存在にすら気付くことも難しい。子どもたちが，共同体を構成する人々の「つながりの重要性」を自覚し，「つながりの希薄」に危機感をもてるよう，まずは①共同体が人々のつながりによって構成される点をとらえさせる。続いて，②共同体における公共性（集団）とその形成者である人々の自由・権利（個人）の観点から，共同体の未来像や社会問題を考え，判断する力を育む。こうすることで，小学校段階の子どもたちに主権者としての資質（公民・市民的資質）として不可欠と考えた。

125

3 「主体的・対話的で 深い学び 」を実現する *授業デザイン*

——学習材「広島カープ」を通して概念「共同体」の重要性を学ぶ単元構成

①改善の視点

　本単元は，授業方法理論として「概念カテゴリー化学習」を基に構成した。

　第1次では，学習材「広島カープ」を問題解決的に学習するため，単元を貫く課題「なぜ広島の人々は，子どもも大人もお年寄りもカープを応援するのだろうか?」を設定し予想を立てる。第2次では，歴史的過程を踏まえ，広島の人々がカープを自分たちの大切な存在（家族・公共財）として協力・支援してきた点に迫る。第3次では，家族・地域・日本・世界と様々な範疇からカープを通してつながる人々に迫り，それをカープ以外の事例で一般化することで概念「共同体」を導き出す。共同体が人々のつながりによって形成される点を社会的な見方として習得し，少子化などの社会問題を通して吟味・検討することで，子どもたちの社会的な考え方も育む。

②指導計画（全3次 14時間構成）

時	主な学習活動・内容	資　料	指導上の留意点
1	(1)カープは○○!? 1①みんなにとってカープとは!? ・カープの存在意義を考え，写真を基に気付きを話し合いながら，単元を貫く課題を設定する	・優勝後の写真	・課題設定に向けて，写真の人々の様子に着目
2 3 4	(2)広島市民と「広島カープ」の関係 1①②③カープ誕生の理由 ・カープ設立の理由について，終戦後の広島の状況や市民球団の実態を踏まえ考える	・創設趣意書等	・課題追究に向けて，球団と市民の関係性に着目

第3章　教育目標と授業理論にこだわる社会科授業づくり

5 6 7 8	2④⑤⑥⑦カープ存続の危機と昭和の樽募金 ・樽募金を行う理由について，創設後の成績低迷や市民球団の実態を踏まえ考える	・勝敗表写真等	・理由に迫るため，市民の球団に対する心情に着目
9	3⑧平成の樽募金と新球場建設 ・平成の樽募金を行う理由について，球団再編と新球場建設の関係性を踏まえ考える	・新聞記事等	・理由に迫るため，昭和期の樽募金活動と比較（共通点・相違点）
10	(3)カープでつながる家族と地域 1①人々のつながりで形成される共同体 ・単元を貫く課題について，共同体の観点から再吟味し，人々のつながりの重要性について考え，共同体概念をとらえる	・写真 ・提示物 ・映像	・カープを通してつながる人々の関係に迫るため，時間軸・空間軸を活用
11 12 13 14	2②③④⑤人々のつながりの希薄化で生じる社会問題 ・人々のつながりという観点から社会問題が生じる背景や改善方法について考える	・新聞記事等	・獲得した見方を活用し，吟味・検討する場の設定

4 　指導展開例（第3次　第1時）━━━ ▪ ▪ ▪ ▪ ▪ ▪ ▪ ▪ ▪

主な学習活動　☆子どもの様子	○教師の支援　□評価の観点
1　カープの歴史的過程を振り返り，本時の課題（単元を貫く課題）を確認する	○課題の想起，再吟味の手がかりとなるよう，カープの歴史的過程を写真で示す
課題　なぜ広島の人々は，子どもも大人もお年寄りもカープを応援するのだろうか？	
2　これまでの内容を基に，単元を貫く課題を再度検討し，互いの意見を交流する	○意見交流を深める為，3世代で応援する写真や提示物を示し，発言を板書する

127

3　カープの歴史を知らない子どもが支援する理由について考える 　☆父母，祖父母もファンだったからかな？ 　☆原爆で家族を亡くした祖父母世代がカープを家族のように思い，結婚後子どもと一緒に家族で応援した人が多いからかな？ 4　カープに対する家族のつながりを通して地域の人々のつながり，さらには国内や世界にも広がっている点をとらえる  5　人々のつながりはカープや広島に限らない点，家族や地域が人々のつながりで構成される共同体である点に気付く 　☆平和を大事にする思いでつながってる！ 　☆人と人がつながることだ！　社会は共同体，みんなでつくりつながるものなのか！ 6　共同体概念やその意味内容を批判的にとらえながら，人々のつながりの希薄化と社会問題の関係性について知る。 　☆広島の人もみんながみんなカープファンではない。戦争している国同士もある	○カープを通して家族や地域の人々のつながりがわかるよう，次の手立てを講じる ・父や祖父世代が支援する理由，創設時の球団に対する市民の心情等を問う発問 ・3世代で支援する方の映像を提示 ・カープを中心とした家族の構造図を提示 ○カープに対するつながりを家族から地域に適用する為に，以下の手立てを講じる ・"これって○○さんの家族だけ？"　"これらの家族が住むのはどこ？"　"これって広島でくらす人々だけ？"等の発問 ・カープを中心に家族同士や選手，他県ファンとのつながりを示す構造図を提示 ○人々のつながりをカープ以外で一般化してとらえるために，以下の手立てを行う ・"地域等がつながるのはカープだけ？"　"平和への思いは広島だけ？"　"地域や世界等を形成するのに必要なのは何？"と発問 ・原爆ドームやオバマ氏の写真を提示 ○共同体の意味内容に対する反証事例をとらえ，次時の課題につなげるために，"共同体の人々は全てつながっているの？"と発問し，戦争や孤独死等の資料を提示 □「共同体」の意味内容を理解しているか

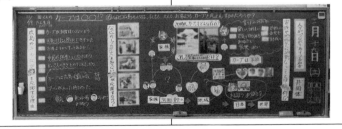

第3章　教育目標と授業理論にこだわる社会科授業づくり

5　「子どもの育ち」をとらえる 評価 の工夫

　教材研究，研究授業をしたからといって，子どもが育つとは限らない。日々の授業や学校での姿，提示物などを丁寧に見取り，40人に対して40通りの関係を紡ぎ，「評言」することが大事だと考える[6]。そして子どもたちが過ごす学級や学校が，民主的な社会，共同体として機能していなければ，子どもたち自らが成長することもできない。我々は子どもたち同様，共同体を形成する一員として彼らと真摯に向き合い，ちょっとした変化や成長に気付き，それを喜びに感じる構え，それこそが，「子どもの育ち」をとらえる上で重要と考える。

註

1 ）木村博一「初等社会科教育学の構想」木村博一編著『初等社会科教育学』協同出版，2002年，pp.5-14を参照

2 ）新谷和幸「小学校社会科における『概念カテゴリー化学習』の授業構成—概念の名辞とカテゴリー化の手法に着目して—」『社会科研究』第80号，全国社会科教育学会，2014年，pp.57-68を参照

3 ）2017年11月～12月広島大学附属東雲小学校第3学年1組30名に行った。

4 ）R.M.マッキーヴァー／中久郎・松本通晴訳『コミュニティ—社会学的研究：社会生活の性質と基本法則に関する一試論—』ミネルヴァ書房，2009年
阿部健一「価値を問う—『関係価値』試論—」立本成文編著『人間科学としての地球環境学』京都通信社，2013年，pp.52-88を参照

5 ）内山　節『主権はどこにあるか　変革の時代と「我らが世界」の共創』農文協，2014年，p.12を引用，参照

6 ）藤原凡人『しんじゅがい—教育随想・講演記録—』渓水社，2016年を参照

（新谷　和幸）

129

第4節 「交渉ゲーム」による理解にこだわる社会科授業づくり

――小学校第6学年単元「黒船来航」

こだわりの視点

・当事者が見ていた歴史を子どもに描かせるために『交渉ゲーム』教材を用いて学習させる

・交渉を擬似体験させることで，コミュニケーション能力をはじめとする実社会で生きて働く資質や能力・態度を育成する

1. 「わかる」社会科授業をつくるポイント

　社会とは様々な人々による営みであり，そこには時として問題や葛藤が生じる。社会科授業が主に扱うのはそうした葛藤であろう。例えばこの項で示す「黒船来航」の場面でいえば，幕府は当然外国船を追い払いたかったわけだが，他方でそれが現実的に不可能であることも気付いていただろう。しかし，簡単に受け入れてしまえば国内からの反発は免れない。結果のわかった後の人々は「こうしておけばよかったのに」ととらえがちだが，未来を見通せないなか，多大なリスクが伴う選択を迫られた当事者の苦悩はいかほどであったであろう。私は歴史学習において，こうした苦悩のなか，決断を迫られた歴史の当事者の視点に立って社会事象をとらえさせることを大切にしている。

　そうした授業方法として私がこだわるのが『交渉ゲーム』教材である。これは歴史上の交渉をゲーミングシミュレーションの手法を用いて教材化したもので，交渉の擬似体験を通して当事者の立場に立って子どもに歴史を描かせることをねらいとしている。それに加えて，この擬似体験により意見や利害の対立の場面においてその問題を解決していくための，いわば実社会で生きて働く資質や能力・態度を育成するという効果も意図している。

第3章　教育目標と授業理論にこだわる社会科授業づくり

② 見方・考え方を鍛える教材づくりの視点

①歴史学等の学問成果を取り入れ，よりリアルな問題状況をつくり出す

　ゲーミングシミュレーションの手法を用いる場合，一歩間違えば単なる遊びになってしまう危険性を自覚しておく必要がある。そうならないためには，様々な学問の見地，例えば歴史学等の見解を取り入れることが大切である。日本側の視点で見れば，ペリーは強力な兵器を携え強引な態度で開国を迫ったというイメージがある。しかし，実際にはペリーは本国から戦闘になることを強く禁じられていたとされる。ペリーの視点で見れば，それを隠しながらの交渉は非常に困難であったと想像することもできる。こうした見解を踏まえれば授業でのペリーの扱いや事象への見方も変わってくるだろう。このように，できるだけ当事者の問題状況をリアルに再現するように留意することが子どもによりよく歴史的な事象を認識させることにつながると考えている。

②「交渉」を擬似体験させることで，資質や能力・態度の育成を目指す

　日本においては，教育に「交渉」を取り入れるというと，相手を脅したり弱みにつけ込んだりする等のイメージから，あまりいい印象ではとらえられないかもしれない。しかしそれは交渉の本質ではない。交渉学の見地から見ると，「交渉」とは「価値や利害が対立する他者との間で，共通の目標を達成するために，価値や利害を調整しながら解決を目指す営み」である。グローバル化が進む現代社会にあっては，価値や利害の対立の場面に直面することはどの人にとってもますます避けられない普遍的な問題となってくるだろう。授業において交渉を擬似体験させることは，コミュニケーションを通して他者との間の価値や利害の対立を調整し，問題を解決していくための資質や能力・態度を育成することにつながっていくと考えている。

131

3 「主体的・対話的で深い学び」を実現する授業デザイン
―― 『交渉ゲーム』教材で深まる事象の理解

①改善の視点――『交渉ゲーム』教材「黒船来航」の開発

　『交渉ゲーム』教材「黒船来航」は，1853年にペリーが浦賀に来航したことに端を発する幕府とアメリカとの交渉を教材化したものである。この教材では，擬似体験を通して当事者である両者の苦悩やその結果である社会的事象を深く理解させるとともに，他者との対立により生じた問題を解決していく資質や能力・態度を育成することを意図している。

②指導計画（全2次 5時間構成）

時	主な学習活動・内容	資　料	指導上の留意点
1 2 3	(1)なぜ明治になって世の中が変わったのだろう ① 『交渉ゲーム』教材「黒船来航」を行う ・交渉にあたった人々の追体験 ②振り返りを行い，日米和親条約の成立の経緯について話し合う ・日米和親条約の概要理解 ・開港地が決定した地理的・歴史的要因の理解 ③日米和親条約後の社会の変化や日米修好通商条約時に開港地として横浜が選ばれた理由について話し合う ・幕府の行った対外政策と交渉過程の理解	・『ペリー提督日本遠征記』 ・日本側の外交資料 ・下田の地形図，海運ルート図 ・当時の横浜や神戸の地図	・擬似体験を通して当事者の状況等を理解させるようにする ・擬似体験と実際の歴史事象を関連付けながら，条約がつくられた地理的，歴史的条件を考察させる ・出島に類似した地形を示すことで，開港地を決定後の幕府の交渉の努力を理解させる
4 5	(2)明治の人々の改革を知ろう ①②開国後，明治新政府の行った政治改革について調べる	・徴兵令，地租改正等の資料	・交渉の観点から政策の意図を考察させる

132

第3章　教育目標と授業理論にこだわる社会科授業づくり

4 指導展開例（第1次 第1・2時）※教材の実際は，後部の【資料】を参考

主な学習活動　☆子どもの様子	○教師の支援　□評価の観点
1　日本で初めて牛乳が売買された場所について予想する ☆なぜ下田なのだろう？　それにアメリカ人は江戸時代にはいないはずなのに……	○初めて売買された場所は静岡県下田で，飲んだのはハリスである。鎖国体制下の状況に反した情報を提示し，社会の変化に関心をもたせる
2　ペリーの日本への来航についての概要を聞く ☆どんな交渉をしたのだろう	○ペリー来航の際に，開国を巡って交渉が行われたことを話し，その交渉に関心をもたせる
課題　どのような交渉が行われたのか，体験して考えよう	
3　『交渉ゲーム』教材「黒船来航」を行い，交渉を擬似体験する **『交渉ゲーム』の概要** ①情報シートを配布する ②作戦タイム―交渉タイムを1セットとして3セット行う ※2回目と3回目の作戦タイムの際には手紙シートを配布 ③最後に条約に入れる条項について話し合い，決定する ☆このようにして交渉が行われて，条約がつくられたのだな	○交渉の擬似体験を通して，その時の様子が理解できるようにする ○交渉を行う情報カードには，例えば次のような情報を入れておく **日本側** ・開国はある程度受け入れざるを得ない。しかしそれでは反対派は黙っていないだろう。できるだけ引き延ばしてはどうだろうか **アメリカ側** ・本国からは軍事を行使してはならないと命令されている。しかし，日本はごまかしてくるだろう。毅然とした態度が必要だ □資料を適切に使いながら，相手と自分たちの意見を調整している
4　『交渉ゲーム』についての振り返りを行う。振り返りは，次の2点について行う	○最初に交渉の仕方について振り返らせることで，対立場面での問題解決の仕方について考察させる

133

①交渉を上手にするには ②実際の交渉はどのように進み，どのような結果になったのか ☆自分たちの交渉はどうだっただろう。上手にするにはどんなことが大切なのかな ☆なぜ下田と函館を開港するという結果になったのだろう ☆下田は，江戸から遠い上に天城山があるので江戸を守りやすい。でも江戸に入る船が立ち寄る港だからとても便利でアメリカ側も納得する，という意味で開港地としては考え抜かれた条件の港だったのだな 5　この事象についての歴史的評価について話し合う ・歴史のつくられ方への理解 ・歴史の見方の深化 ☆歴史の出来事は色々な見方ができるのだな。色々な意見を基に，自分で考えて判断していくことが大切なのだな	○実際の日米和親条約の結果を提示することで，自分たちが行った交渉と比較させ，理解を深められるようにする ○特に下田の地が選択された理由について焦点を当て，その地を選んだ地理的・歴史的要因について考察させる ・地理的要因：江戸から遠く，間には天城山があるので江戸や京を守りやすい ・歴史的要因：下田は古くから船の関所があり，ペリーも納得する良港であった □交渉を行った当事者の苦悩や工夫について共感的に理解している ○この事象については，古くから「幕府無能説」と「幕府有能説」という2つの学説がある。擬似体験と重ね合わせながらそれらの説について検討させることを通して，歴史は様々な見方ができること，当事者の視点から見ることの大切さなどを考える契機としたい

5 「子どもの育ち」をとらえる 評価 の工夫

　この教材では主に次の2点から評価を行う。第1は歴史認識の深まり，第2は対立場面で問題を解決していける資質や能力・態度の育成，である。評価にあたっては特に振り返りの活動が重要になる。擬似体験をさせるだけでなく，そこで得た体験や認識を踏まえて自身の活動を振り返らせたり，実際の事象と比較・考察させたりすることで子どもは成長していくのであり，この時の子どもの姿から子どもの成長を的確に見取ることで評価を行っていきたい。

第3章　教育目標と授業理論にこだわる社会科授業づくり

①歴史認識の深まり

　この教材で大切にしたいのは子どもが当事者の視点に立って歴史をとらえ
させることである。しかし，これは目に見えないものなので評価が難しい。
擬似体験の後に行う振り返りの場面で，擬似体験の結果と歴史的な事実とを
重ね合わせながら十分に考察をさせ，その際の子どもの発言や学習後の感想
などの記述を丁寧に読み解いていく必要があるだろう。「どちらも難しい状
況だったのだな」「こうした交渉によって歴史がつくられてきたのだな」等
のような意見を取り上げ，それらを子どもに再び投げかけるような活動を大
切にしたい。

②対立場面で問題を解決していく資質や能力・態度の育成

　対立場面にあっては，問題を解決するために情報を取捨選択して適切に相
　手に伝えたり，相手の要求を的確に把握して利害を調整したりすることが
求められる。こうした対立場面で必要とされる資質や能力・態度（例えばコ
ミュニケーション能力など）の面を評価するには，まずは自分たちの言動を
一歩引いて考えさせる必要がある。擬似体験の後に，交渉の経緯を振り返ら
せることで自分たちの交渉がどうであったか，どうすることが大切であった
かについて考察させたい。また，ここで考察したことを生かして，その後の
子どもの生活上の問題場面での解決につなげていくことも大切にしたい。

参考文献
1）加藤祐三『幕末外交と開国』講談社，2012年

（福村　優）

【資料】交渉ゲームの教材の実際（一部抜粋）
①共通情報シート

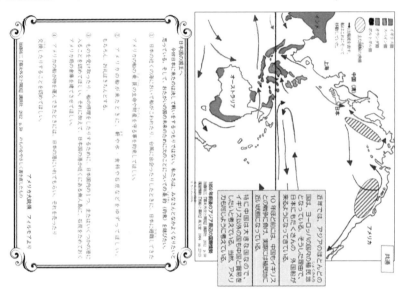

②情報シート（幕府チーム）

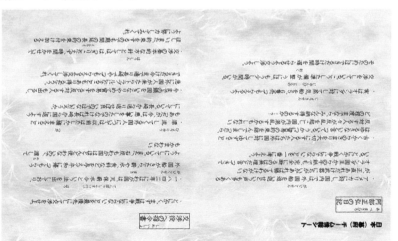

第3章 教育目標と授業理論にこだわる社会科授業づくり

③情報シート（アメリカチーム）

④手紙シート（作戦タイムに配布。状況へ変化を加える）

第5節 「創造的認知のモデル」にこだわる社会科授業づくり

—— 小学校第6学年単元「弁当からミックスプレートへ」

こだわりの視点

・「教材の論理」・「子どもの心理」・「教師の論理」の融合を目指す授業の創造
・「社会を能動的にわかる」ことを目指す「創造的認知のモデル」を援用した授業開発・実践

1 「わかる」社会科授業をつくるポイント

　私が考える「わかる」社会科授業とは，「『まずこうやってみてはどうだろう』と積極的に人や社会にアプローチする」ことによって「社会を能動的にわかる」ことができる授業である。このような授業を構想していくために「教材の論理」「子どもの心理」「教師の論理」を融合することが大切であると考える。

　まず，「教材の論理」に関しては，①子どもの学習意欲を高める学習材であること，②社会の背景にある仕組みや課題・問題をとらえられる学習材であること，③子どもの到達目標としての知識を明確に設定し，思考の素材となる資料を過不足なく適切に準備して「教育内容の構造化」を図ること，を大切にしたい。①・②を踏まえて，③を行うことで，「主体的・対話的」な学習が可能になろう。これは，「教材の論理」と「教師の論理」を結びつけることになると考える。次に，「教師の論理（方法原理）」に関しては，人口減少社会等の日本が未だに経験したことのない社会問題に対応できるわかり方が必要になると考える。換言すれば，「知識と情報が流動化し絶えず更新され変化する社会」に対応できるわかり方といえる。それは，従来の社会科のわかり方では十分とはいえない。なぜならば，従来の「わかり方」に共通することは，今ある社会を自明のものとしてとらえ，今ある社会をどのよう

138

第3章　教育目標と授業理論にこだわる社会科授業づくり

に理解し，よりよくしていくためにはどうすればよいのかというスタンスであった。そこで，従来と違ったわかり方が必要とされる。それはどのような方法原理なのであろうか。従来の方法原理を「社会を受動的に理解する」とすると，「社会を能動的にわかる」ということができるのではないだろうか。ここで，「社会を能動的にわかる」方法原理として，「創造的認知のモデル」（フィンケらによる認知科学の実験的方法に基づく創造性研究のアプローチによって構築された創造的認知プロセスの一般モデル）を推奨したい。

　「創造的認知のモデル」を援用する学習論は，「深い学び」に導くための「社会的な考え方」ということができ，次の3つの特長がある。第1に，生成（自由な発想でアイデアを生み出す），解釈（対象とする人々の立場に立って，そのアイデアにどのような意義があるのかと思考を巡らす），制約（その物事の基本条件を踏まえる）という3つの要素からなるということだ。この3つを意識した授業・単元構成では，生成と解釈と制約という学習過程をバランスよく，循環的に思考することができる。つまり，まず社会システム（制約）を考慮し，多様な立場から客観的に考え（解釈），そのなかに自分の考えを位置付ける（生成）ができる。結果として，子どもは創造的思考（創造とは，異質な情報群を組み合わせ統合して，解決を図ること）を高めると同時に，人と人との関係，人と社会との関係のあり方についての社会認識を深められ，教師はそのための学習指導過程を構築し，適切に支援ができる。第2に，制約条件を考慮することの得意（苦手）な子ども，生成の得意（苦手）な子ども，解釈の得意（苦手）な子ども，といった人々が異なった形で創造的でありうることを認めることができる。それぞれのよさを生かし，足りない部分を補い合い，クラス全体で創造的に考えることができる。第3に，子どもの主体的な学習を保証することができる。実際の授業において，制約，生成，解釈の3つを意識して考えることによって，どのように社会をわかり，つくっていくのか，子ども自身がわかり（自分の思考のメタ認知），学習への見通しをもつことができる。

　教師が上記のことを意識した授業では，いくつかの制約条件が具体的に明

139

示されているから，それらを踏まえて，子どもは安心して思考を組み立て，主体的にプランづくり（生成）に取り組むことができる。その上で，子どもは，対象とする人々の立場に立って，そのプランにどのような意義があるのかと解釈を巡らせていく。子どもがお互いの解釈を出し合いながら，対話的に学ぶことによって，プランを修正（生成）していくことができる。このようにして，子どもの思考は深い学びへと導かれていくだろうと考える。

　結果として，本学習論は，「教材の論理」「子どもの心理」「教師の論理」を融合する「主体的・対話的で深い学び」を育む授業になると考える。

2　見方・考え方を鍛える教材づくりの視点

　ここでは，先の内容を基に，第6学年単元「弁当からミックスプレートへ」における学習材「ミックスプレート」の設定に至る過程を見ていこう。

①「子どもの心理」を踏まえた学習材の設定

　ここで取り上げた学習材である「ミックスプレート」は，ハワイの料理で，1つの皿に多国籍な料理が盛られている。約130年前，ハワイへ移民した人々が，厳しい労働環境のなかで，唯一の楽しみとしておかず交換をしていたことから始まったといわれている。それぞれの国の料理のよさ（アイデンティティ）を失うことなく，1つの皿に盛ることで新たな料理として「ミックスプレート」が誕生したと考え，1つの皿をハワイ社会，それぞれの料理を移民してきた人々と考えると，ミックスプレートは，多民族社会のあり方の象徴（それぞれのアイデンティティを生かしながら，1つの社会を構成する）として考えられる。一方，現在日本では，逆移住してきている日系外国人をはじめとする多くの外国人の方が居住している。そして，未来においては，人口減少社会に伴い多くの民族と共に社会を形成していくことが予想される。そこで，過去の事例から，現代のミックスプレートとは何か，そして，未来のミックスプレートとは何かを子どもたちが主体的に探っていき，時代を超えて普遍的なことは何か考えることが「深い学び」につながると思う。

　以上のことから，「ミックスプレート」は，子どもが，過去・現在・未来

第3章　教育目標と授業理論にこだわる社会科授業づくり

にわたって追究したくなる学習材であると考えた。

②「教材の論理」を踏まえた学習材の設定

　ここでは，「深い学び」につながる「社会的な見方」として，「共生」を視点に述べていく。近代日本の黎明期に多くの日本人が海外に移民した事実，彼らとその子孫の現地での苦労や貢献，文化やその現状，そして現在日本に逆移住してきている日系人の問題について立場を変えて共感的に学ぶことは，グローバル化と多文化化が連動して進行するこれからの社会を生きる子どもたちにとって「共生」に向けての資質を養う上で意義があると考える。

　従来，学校教育の現場では，外国の異文化を学んだり，日本文化と比較したりする国際理解教育が行われてきた。しかし，多文化共生社会の時代において，日本に異文化が入り込み，日本独自の文化と接触することで，文化摩擦が生じる。それは様々なトラブルを呼び，社会問題化する。従って，単なる異文化理解に終始するのではなく，一歩踏み込んで「内なる国際化」から生じる多文化共生社会の課題を正しく認識し，その解消を図ることのできる学習材が求められる。本学習材は，多文化共生社会の課題の1つである「偏見にかかわる課題」の解消を目指したものである。日本人のなかにある偏見を意識し，過去の移民（日本人）の偏見を乗り越えるための知恵に学ぶものである。

3 「主体的・対話的で 深 い 学 び 」を実現する 授業デザイン
——「理解」型授業への「創造的認知のモデル」の援用

①改善の視点（1）

　本単元で取り上げる「移民（人の移動）」の学習は，小学校段階の子どもにとって，社会的・歴史的状況についての社会認識が難しい題材である。そこで，人物に感情移入し，共感的理解を深めることが有効であると考えた。しかし，ここで課題になるのは，感情移入における「誰の立場に立って，どのような社会状況のなかで，どう自分の考えを位置付けていけばよいのか」

141

が不明確な点である。具体的には，「Ｔさん一家（外的状況の把握：①Ｔさん一家は祖母を含む６人家族②サトウキビ農園で働くために移住③ハワイの給料は日本の12倍④ハワイへ船で渡るため，家族で１つのトランクを持って行った）が，トランク１つに何を詰め込んでいくのか，その人の気持ちになって考えよう」とたずねた時，「ゲーム機」というように自分の世界だけで考えてしまうという実態がある。このことを心理学者の佐伯胖が提唱している「擬人的認識」で換言すると，「感情移入と一言で言っても，その移入の仕方は千差万別にあり得る」のであり，「偏狭な視点をそのまま移し換えてみても，それによって視点が広がる保証はない」という指摘と重なる部分が多い。そこで，「１単元，１時間単位でのわかり方ではなく，ピンポイントのわかり方」である「創造的認知のモデル」を，理解型の授業に援用し，その課題を克服しようと考えた。そのポイントは，次の５点である。①登場人物の具体的な状況を設定する（制約）。②登場人物に関わる人々を子どもに想像させ（生成），誰にとってどのような意義があるのかを考えさせる（解釈）。③登場人物やそれに関わる人々が困ることを考えさせることで，彼らを取り巻く社会状況を認識させる（制約）。④時間軸（継続性）の考慮によるテーマの再設定をする。テーマの再設定・再解釈をすることで，生成・解釈段階が活性化し，より能動的な学習を生み出すことにつながる（制約）。⑤生成・解釈・制約を意識して子どもの思考をモニタリングし，授業を構成・展開していく。

②改善の視点（２）

　本学習論は，「子どもなりの探究」を支援するものである。子どものみの探究だけを重視した授業展開は，子どもの興味・関心や問題意識の範囲内をはいまわることになりかねない。子どもたちがどのような社会事象をどのように探究すべきか（教師の側から見れば，何をどのように探究させるべきか）という教育内容や教材の側からの論理が設定されていなければならない。本学習では，子どもの到達目標としての知識を明確に設定し，思考の素材と

第3章　教育目標と授業理論にこだわる社会科授業づくり

なる資料を過不足なく適切に準備して，「教育内容の構造化」を図った。

③指導計画（全4次　6時間構成）

時	主な学習活動・内容	資　料	指導上の留意点
1	(1)料理名を想像しよう ・ミックスプレートの写真やハワイの民族構成から，料理名を想像する	・写真 ・統計	・「ハワイの民族構成（制約条件）や写真資料に照らして，料理名が妥当だろうか」
2	(2)トランクの中身を想像しよう ・移住者の携行品（トランクの中身）を想像し，移住者の思いを共感的に考える	・実物 ・統計	・時間の経過の視点（持続可能性） 「Tさん一家がハワイで困ることに照らして，その携行品が妥当かどうか」
3 4	(3)ミックスプレートの誕生の理由と意味を考えよう ・ハワイに移住した人々の生活を共感的に理解し，ミックスプレートの誕生の理由と意味を考える	・紙芝居等	・人々の相互関係の視点（共生） 「ミックスプレート誕生の理由について，Tさん一家や各国の人々の困ることから，妥当かどうか」
5 6	(4)共に生きていくために必要なことを考えよう ・約130年前のハワイ移民（日本人）と現在の日系外国人を比べ，共通点・相違点を考え，共に生きていくためには何が必要かを考える	・VTR ・統計 ・読み物	・時間の経過の視点・人々の相互関係の視点（共生） 「多文化共生社会で，共に生きていくための知恵が，現在の日系外国人の方々や約130年前Tさん一家が困っていることに照らして，妥当かどうか」

143

4 指導展開例（第2次 第1時）

主な学習活動　☆子どもの様子	○教師の支援　□評価の観点
1　本時の課題を確認する	○旅行用トランクの実物等を提示し，考えさせる

> **課題**　Ｔさん一家は，トランク1つに何を詰め込んでいったのだろうか？

☆下着，歯ブラシ，石鹸等 2　Ｔさん一家の家族構成について知り「日本に残る，Ｔさん一家を心配する人」たちの存在を具体的に予想させる ☆親戚，友人，近所の人，仕事場の人等 3　Ｔさん一家の立場や日本にいる人の立場から，ハワイにおけるＴさん一家の困ることを予想する ☆祖母は，家族思いだから，帰りたくても帰りたいとはいえない（親戚） ☆色々な国の人々と言葉や習慣も違うけど，仕事や近所付き合いは大丈夫か（近所の人） 4　Ｔさん一家の立場から，日本にいる友人や親戚のことをどう思っているか予想する ☆祖母の日本への懐かしさ→望郷→帰国→子どもたちも→父母の苦悩 5　「日本へ送金したＴさん一家とそのお金を日本で受け取った人々」の気持ちや「帰国したのか，住み続けたのか（移住）」を想像する ☆ハワイでの生活は厳しいにもかかわらず，送金されたことで，家族の絆が深いと思った	○Ｔさん一家や日本の具体的な人物の立場から，互いに想像させることで，人と人との関係についての社会認識が深まる ○Ｔさん一家や日本の具体的な人物の立場から，ハワイでの生活で困ることを想像することで，人と社会との関係についての社会認識が深まる。Ｔさん一家を取り巻く社会状況を認識させる ○Ｔさん一家への共感的理解をより深めるために，多様な立場・状況を具体的に設定し，心情を想像させる ○生活の厳しさと望郷の念から，子どもからＴさん一家は，帰国しただろうという意見が予想される。そこで，帰国という予想をゆさぶる資料（ハワイ移民の年収と広島での農業・職人の収入，移民の道府県別の送金額・ハワイ移民在留者数・定住率等）を提示し，時間軸を意識したテーマの再設定につなげる

144

第3章 教育目標と授業理論にこだわる社会科授業づくり

テーマの再設定 Tさん一家は，ずっとハワイで暮らすためにトランクに何を詰め込んだのか？	
☆「決意」「希望や願い」「不安」「骨をうずめる覚悟」「家族愛」という「目に見えないもの」をトランクのなかに詰め込んだ	□Tさん一家の移住への思いを多様な立場から，共感的に理解しているか

5 「子どもの育ち」をとらえる 評価 の工夫

「子どもの育ち」とは，「子どもの成長（変容）」である。それでは，子どもの変容をとらえる評価とは，どのようなものであろうか。子どもの変容をとらえる視点として，「生成・解釈・制約」を推奨したい。教師が「生成・解釈・制約」を意識して「子どもの育ち（変容）」をモニタリング・評価することで，制約条件を考慮することが得意（苦手）な子ども，生成が得意（苦手）な子ども，解釈が得意（苦手）な子どもが見えてくる。そうなれば，子どもの特長を伸ばす学習指導ができるようになるだけではなく，一人ひとりの弱点補強に向けて，適切に学習を支援していくことが可能になってくると考える。

参考文献

1）原紺政雄「『創造的認知のモデル』を活用した社会科学習指導過程の有効性─介護プランづくりの授業における社会認識の深化─」『社会科研究』第64号，全国社会科教育学会，2006年

2）中山京子「多文化教育の知の導入による小学校社会科学習内容の再構築─単元『海を渡る日系移民』の開発を事例として」『社会科研究』第65号，全国社会科教育学会，2006年

（原紺　政雄）

第4章

価値判断・意思決定による
資質・能力の育成にこだわる
社会科授業づくり

第1節 感じ，考え，判断する，にこだわる 社会科授業づくり

——小学校第5学年単元「報道の意味と価値」

こだわりの視点

- ・同じものでも，違う見方，考え方ができる学習へ
- ・教材の意味と価値をしっかりとらえる教師の感性
- ・難しい学習理論を，やさしい内容にする教材研究

1 「わかる」社会科授業をつくるポイント

　同じものを見たとき，以前とは違う見方や考え方をすることがある。例えば，まじめなだけだと思っていた友だちがお笑いを披露したら，とても面白かった時，その友だちを見る目が変わらないだろうか。その友だち自身の本質はお笑いをする前と後では全く変わらないのに，「あいつは面白いやつだ」と自分の見方や考え方が変わることがある。さらに，どうしてお笑いに興味をもったのか，どうやって面白い話芸を身につけたのか，おそらく知りたいことが次から次へと出てくるに違いない。

　これを社会科で考えると，導入の工夫で得た事象の理解を，学習することを通して，新たな意味や価値を付加して理解していくこととなる。さらに，教師がそれについて，なぜ，どうやって，と問うことで，子どもは事象をより広く深く理解し，新たな関係性に気付くこともある。また，意味や価値に共感するだけでなく，「私は～」と，自分で考え判断する，ということにもつながる。

　社会科で，同じものでも，違う見方，考え方ができる学習をつくるためには，これは，と思う教材のもつ意味と価値を，教師がどれだけ教材研究し，わかりやすい授業展開にするかがポイントである。

第4章　価値判断・意思決定による資質・能力の育成にこだわる社会科授業づくり

② 見方・考え方を鍛える教材づくりの視点

①見えないものを見る力，感じる力

　例えば，「昔のくらし」では，品物に主を置くと「不便なくらし」と感じやすいが，当時の人々にとって，と条件付けると，「今より不便だが不満はなかった」「むしろ便利になったと感じていたのではないか」と考えるようになる。この違いは，発問だけではなく，教師の教材解釈の差と考える。大切なのは，当時の生活の不便さや，どんな商品があったかではない。「人々の生活」の理解である。とすると，商品は生活を考えるツールとなり，今基準での比較から，当時基準で考える生活の様子へと見方が変わるようになり，教材選択にも必然性が出てくる。

　単元のねらいを具体的に設定し，自分のなかで納得できるよう解釈した上で教材のもつ意味や価値を多面的に考えると，それまでとは違う見方や考え方ができるようになる。教師が教材の多面性を整理し，どう単元のなかに位置付けていくか吟味した構成をつくることで，子どもも見えないものを見る力，感じる力を育み，見方・考え方を広げ，深めていくことができるのである。

②教材化する力

　例えば，「ある国では，交差点の信号が赤の時，残り時間を表示している。変わると青ではなく，方向を示す矢印が表示される」という情報を知ったとする。「面白い」と感じられたら教材発見力がある。「あの単元で使えそう」と考えられるようになると，日常にある何気ない社会的事象を教材化できる。「こう使える」と具体化できれば，教材の意味と価値を理解する力がある。「何のために，どうやって」と吟味して単元構成できると，教材創造力がついている。情報を教材に育てる源は，教師の感性である。「面白い」を増やしたい。

149

３ 「主体的・対話的で深い学び」を実現する授業デザイン
――報道の意味と価値を考える授業づくりから

①改善の視点

　具体的な授業の姿で考えてみたい。例えば，情報・通信単元では，「どのように」情報を届けているかを，新聞社やテレビ局を通して学ぶ。「情報のもつ意味や価値」を改めて問うことで「なぜ」その情報を記事にしたのかに着目させ，子どもが身近な社会を見た時，新たな価値を見出す力を育てる。

②指導計画（全３次 11時間構成）

時	主な学習活動・内容	資　料	指導上の留意点
1	(1)新聞とは ・情報を伝える各メディアの特徴を調べてまとめる	・各メディアの写真	・各メディアを比較して特徴をつかませる
2	・新聞に関心をもち，新聞作成の手順を調べて資料にまとめる	・新聞	・取材から配達までの流れをまとめる
3	・新聞の紙面構成をどう工夫しているか調べ，気付きをまとめる	・新聞	・構成の工夫に気付くよう，位置関係に着目させる
4	(2)報道とは ・報道には誤報があること，情報を正しく伝えられない時の影響の大きさから，報道のあり方について考える	・誤報記事「松本サリン事件」	・情報の正確性の大切さ，報道の影響力，責任について考えさせる
5	・東日本大震災の報道（見出し）から，記事の視点について考える	・河北新報　中國新聞	・犠牲と死者の語感の違いから両社の意図を考えさせる
6	・ファイト新聞，石巻日日新聞，全国紙，地方紙について知り，それぞれの新聞の目的は何か考える	・各新聞	・各新聞の主な内容から対象を考えさせるようにする
7	・地域の心あたたまるニュースについて知り，記事の価値と記者の感性について考えると共に，報道	・記事	・記者の取材意図に着目させる

150

第4章　価値判断・意思決定による資質・能力の育成にこだわる社会科授業づくり

	の意味と価値について考える		
8	(3)伝えるとは ・未来新聞づくりの目的を知り，記事内容を考える		未来へ「つなぐ」新聞であることを理解させる
9	・紙面を構成し，取材計画を立てる		取材意図をはっきりさせておく
10	・取材したことをもとに，新聞を作成する		紙面構成の工夫の大切さを想起させる
11	・新聞を交流し，記事の意図を考える		意図が伝わったか，どう感じたか，をまとめさせる

4 指導展開例（第2次 第4時）

主な学習活動　☆子どもの様子	○教師の支援　□評価の観点
課題　記事の「ねらい」と「よさ」をまとめよう	
1　どうして記事になったのか理由を考える ☆何か秘密があるに違いない ☆二人の様子をよく見てみよう ☆きっと何かすごいことをしたと思う 2　この記事の「ねらい」と「よさ」を考える ☆普通に見えるけど普通じゃないことを伝えることで，二人のすごさが伝わる 3　この記事を書いた記者の気持ちを考える ☆優しさとは何かを伝えたかっと思う 4　広島土砂災害報道の記事との共通点を考える ☆被害だけでなく，人の心のことを伝えている	○東日本大震災後に，坂の上の家に小学生二人がボランティアで物資を届けている写真を提示し，この写真が記事になったことを伝え，どうして記事になったのか予想させる ○一番伝えたかったことは何か＝「ねらい」記事になってよかったことは何か＝「よさ」として考えさせる ○どうして記事にしたのか，理由を考えさせる ○報道の意味について考えることができるよう，「どうして伝えたかったのか」に焦点化して考えさせる ○記事全文を読み聞かせ，内容を理解させる ○大きな被害を受けている地域で，被害の実態報道だけでなく，被害を受けた人やそれを支える人たちの「優しい気持ち」も伝えていること ○「大変だ」「ひどい」被害の裏側にある「心あたたまる」部分も伝えることで，被災者にも他の読者にも「優しさ」の気持ちを共有してもらいたい，という記者の気持ち等，大震災の報道と共通

151

	する部分への気付きになるよう「心あたたまる」をキーワードに考えさせる
5　もし，事実の報道がなく「心あたたまる」記事だけなら印象がどう変わるか考える ☆感動がないと思う	○「心あたたまる」記事だけの場合を想定させるため，写真と見出しだけで考えさせる ○事実報道があるから等，「事実報道の役割」を意識させる
6　記事が「心温まる」ニュースになるのはどうしてか考える ☆日常の様子の裏側にあるすごいことを取材して記事にしているから	○「記者の感性」がなければ記事にならなかった可能性に気付けるよう，取材の感性の大切さも意識させる ○大変な時だから，という気付きには「なぜ？」と問い返すようにする ○「大災害であたりまえの日常がなくなったことで，『人としてあたりまえのこと』の大切さに気付くことができたから」等，報道の表裏一体の性質への気付きを大切にする
7　まとめ	○記事には「誰に（対象）」「何のために（目的）」「何を（内容）」伝えるのか，意図があることをおさえる □記事の価値と記者の感性，報道の意味と価値について考えられたか

> 記事には「誰に（対象）」「何のために（目的）」「何を（内容）」伝えるのか，それぞれ意図がある。報道には，事実や人間性を伝えることで，出来事の意味と価値を読者に問いかける力がある

※授業内使用記事　岩手日報　平成23年４月13日付１面「姉妹で運ぶ物資と笑顔」

　この授業は，２人の少女が並んで坂道を歩いているという，何ということもない日常の風景のように見える１枚の写真から始まった。記事では，東日本大震災で自らも被災しているにもかかわらず，交通手段のない高台に住んでいる50人に食事を届けていた。２か月前に引っ越してきたとき，近所の人に親切にしてもらった恩返しの気持ちもある，と綴られている。これらの記事があることで，当たり前と思っていたことに，別の意味や価値があること，記者の意図によって記事はつくられることもわかった。

　授業後の感想に「考え方が変われば，記事の見方が変わるとわかった」と自分の受け止め方の変容が，認識を変えるきっかけになったことを書いてい

第4章　価値判断・意思決定による資質・能力の育成にこだわる社会科授業づくり

る子どもがいた。ゴールの活動である新聞づくりは，自分の生活環境を見直し，新たな価値を見出す取り組みとして有効であった。

5 「子どもの育ち」をとらえる 評価 の工夫

①見方・考え方を評価する

　情報・通信単元では，授業後に振り返りカードを書かせた。このカードは，4つの視点で（理解，疑問，予想，見方・考え方）自己評価するだけでなく，本時どの項目が自分にとって重要だったか順位をつけさせた。さらに，どんな見方や考え方をしたのかを記述する欄を設けることで，本時の学びで見方・考え方を表現させ，見える化した（図1）。

図1：社会科授業のふり返り

社会科授業の振り返り【　月　日（　）】 年　番（　　　　　　　）					
1～4		よい			よくない
	なるほど，わかった（理解）	4	3	2	1
	なぜ，どうして（疑問）	4	3	2	1
	こうだろう（予想）	4	3	2	1
	見方，考え方（新，広，深）	4	3	2	1
どんな見方，考え方をしましたか。					

　記述と自己評価，視点の順位づけは，学びの姿の見える化である。項目相互の関係を見ることで，その子の今の状態がわかる。同時に，自分の授業の傾向をつかむこともできる。子どもの育ちは教師の育ちでもある。自分の授業の癖や傾向を知ることにも振り返りは役に立つ。子どもの学びのための授業づくりを進めるために，しっかり振り返りを活用したい。

（宮里　洋司）

153

第**2**節 「仮の意思決定の吟味」にこだわる 社会科授業づくり

――小学校第5学年単元「続・野生の叫び～ツキノワグマの出没 保護か処分か～」

こだわりの視点

・確かな教材研究に基づいた多面的な視点を育成する学習材の開発と学 習問題の設定
・学習展開の導入部で「仮の意思決定の吟味」を位置付けることで，確 かな事実認識に基づいた子どもの主体的で対話的な学びの重視

1 「わかる」社会科授業をつくるポイント

　「わかる」社会科授業とは，子どもが多様な社会的事象に出会うなかで，そこに結果としてある様々な事実を科学的に認識し，事象の背景にある原因を自分の言葉で説明できることであると考える。そして，そのような確かな学びを発展させることで，個々の社会的事象にかかわる諸問題に対して，自分なりの根拠をもち，未来予測しながら，子ども自身が「どうするべきか」を合理的に判断する学習にもつながっていく。

　このような社会科授業を構想していくためには，どのような学習内容を取り上げるかが最も重要なポイントとなる。子どもにとって，「なぜだろう」「どうするべきだろう」といった，内面からわき上がってくるような意欲をかき立てる社会的事象との出会いが何よりも重要である。子どもにとって切実で，主体的・対話的に追究したくなる，どうするべきか考えざるを得ないといった学ぶ価値のある学習材を開発する教材研究が，「わかる」授業をつくる土台である。

　次に，そのような学ぶ価値のある内容をどのような学習方法で学ばせるのかも重要なポイントとなる。本稿では，長く広島大学附属東雲小学校副校長を務めた上之園強氏が提案した「仮の意思決定の吟味」を位置付けた学習方

第4章　価値判断・意思決定による資質・能力の育成にこだわる社会科授業づくり

法を理論的な根拠としている。提案の背景として，氏は，従来の意思決定力の育成を目指す小学校社会科学習の課題を次のように３点指摘している[1]。

●取り扱う社会的問題が，深い社会認識を必要とする場合があり，児童にとっては，問題場面そのものの理解が難しいことがある。

●学習過程が大人の合理的意思決定の論理にそって構成されている場合があり，児童にとっては難しく，主体的な学習になりにくいことがある。

●意思決定力のとらえ方が曖昧なまま学習目標が設定される場合があり，そのために学習が難しくなったり，事実認識が不十分なままで決定だけを求める学習に陥ることがある。

これらのことから，次のような具体的な手立て（工夫）を提案している[2]。

○小学校では，意思決定のための事実認識力に焦点をあてた育成を行う。
○事実認識に基づいた確かな意思決定をめざして，学習展開の導入部に「仮の意思決定とその吟味を行う場」を位置づける。

つまり，小学生が主体的に意思決定していくためには，素朴ではあってもまず，自分なりの考え（仮の意思決定）をもち，その考えを出し合い吟味していくなかで，根拠の不確かさや新たな考えに気付く場が必要になる。この吟味の過程を通すなかで，子どもは，より確かな意思決定をしようと意欲的になったり，意思決定に必要な「事実関係を認識する視点」を見いだしたりしていくのではないか，という仮説である。

2 見方・考え方を鍛える教材づくりの視点

①多面的な視点を育てる学習材の開発

広島・山口・島根三県にまたがる西中国山地に生息するツキノワグマ（以下「熊」と記す）は，絶滅のおそれのある孤立個体群としてレッドデータブックに記載されている。県や市町村は，地域住民の生命と財産を守ることを基本としながら，熊の適正な保護管理を模索してきた。しかしその後，熊の出没及びそれに起因する人的・物的被害が相次ぎ，県内で捕獲された多くの熊が捕殺される事態となっている。また，「いつ熊と遭遇するか不安」とい

155

った精神的な被害も懸念されている。熊が出没する背景には，餌を供給する広葉樹林の減少，過疎化に伴う里山の荒廃等が指摘されている。問題の解決策を模索していくことは，森林の働きだけではなく，動物の生態，自治体の取組や地域住民の願い等，より広い視野から社会的事象を把握し，共生という視点から改めて問い直していく意義がある。

　子どもは，西中国山地に位置する廿日市市吉和において実施された三泊四日の野外活動で，豊かな自然の中で多様な体験活動を行っている。活動中に実際に熊が出没する山（西中国山地国定公園内の冠山）に登り，熊への注意を促す看板を目にしている子どももいる。そのような子どもの実態を踏まえた上で，学習材を開発していった。

②多面的な視点を育てる学習問題の設定

　本実践を実施する1か月前に，熊出没の新聞記事を教室に提示し，地域にとって切実な問題となっていることを伝え，情報収集をするように声をかけておいた。第1次第1時では，市内の小学校グラウンドにも熊が出没した事実を伝え，同じ小学生がいつ熊に遭遇するかもしれないという不安な状況であることに共感できるようにした。また，実際に熊に襲われて怪我をした方や農作物の被害にあった方のインタビューの様子をVTRで紹介した。さらに，子どもが被害の様子をよりとらえやすくできるように，被害の様子を3種類の絵カード（人的・物的・精神的被害）で示すことにした。このような活動を通して，「このままではいけない。何とかしなければ……。」という問題意識をもつことができるようにした。

　多面的な視点を子どもに育てる学習材を開発し，それらに基づく具体的な学習問題を設定することは，社会的な見方・考え方を鍛える重要な視点である。

第４章　価値判断・意思決定による資質・能力の育成にこだわる社会科授業づくり

3 「主体的・対話的で 深 い 学 び 」を実現する *授業デザイン*
──「仮の意思決定の吟味」の位置づけ

①改善の視点

　本実践は，下図に示す「仮の意思決定の吟味」を位置付けた授業方法論に基づいて単元計画を構想した[3]。

「仮の意思決定の吟味」を位置づけた基本的学習過程

過程	めあて設定	個人での自力追究	集団を通した追究	達成・発展
意思決定	問題把握 → 問題分析 → 解決策の提出 → 解決策の予測 → 解決策の決定			
	仮の意思決定の吟味			意思決定
子どもの活動	自分の現時点での考えを仮の決定として持ち吟味する	問題の背景や様々な立場，考え方を調べる	調べたことをもとに自分なりの案を考える	自分なりの案を選んだとしたら，どうなるか考える	自分や他者の考えを参考にしてさらに，決定を修正・深化する
教師の支援	・「どうするか」を具体的に考えられる場づくり	・方途の示唆，試行錯誤 ・時間的保障	・決定の深化を促す発問や場づくり ・新たな資料の提示	・現時点で最良と考える決定を促す場づくり

②指導計画（全３次　７時間構成）

時	主な学習活動・内容	資　料	指導上の留意点
1 2	(1)熊出没問題の概要と仮の意思決定の吟味 　・西中国山地における熊の出没と被害の概要をとらえ，現時点における仮の解決策を決定する	・熊出没の新聞記事 ・VTR資料 被害者への聞き取り	・多様な事例を取り上げることで，被害には人的・物的・精神的なものがある事をとらえられるようにする ・導入部での仮の意思決定を促すことで，判断にあたっ

157

	主な学習活動		教師の支援
	・仮の意思決定を吟味し合うことで，問題解決のためにとらえておくべき事実を明らかにする		てとらえておくべき事実を明確にできるようにする
3 4 5	(2)問題解決に必要な多面的な事実認識 ・問題解決に向けてとらえておくべき情報を整理し，調べ活動の見通しをもつ ・熊の生態や環境資源・産業資源・文化資源としての森林の働きを理解する ・従来の自治体等の取り組み，地域住民の願いや思いを理解する	・森林の働きに関する資料 ・取組に関する資料	・森林のもつ環境資源・産業資源・文化資源の３点について取り上げ，第３次に結び付ける ・自治体や個人が行っている様々な取り組みとその成果及び課題を明確にしておく
6 7	(3)解決策の再吟味と最終的な意思決定 ・これまでの学習に加え，「共生」の視点から解決策を再吟味する ・個々の解決策を話し合い，未来予測することを通して，熊出没問題について最終的に意思決定する	・VTR NHK番組「ご近所の底力」	・「人間か，熊か」といったどちらか一方に偏った選択ではなく，より広い支持が得られる意思決定となるように「共生」の視点を取り入れる

4 指導展開例（第１次 第２時）▰▰▰ ▪ ▪ ▪ ▪ ▪ ▪ ▪ ▪

主な学習活動　☆子どもの様子	○教師の支援　□評価の観点
1　西中国山地での熊出没問題の概要を想起し，本時の学習課題を確認する ☆被害にはいろいろなものがあるのだ ・人的・物的及び精神的被害 ・被害の発生地域や発生件数等	○被害は，数の増減こそあれ10年以上起こっていること，被害には，３点あることを想起する場を設けることで，問題状況を再確認し，本時の学習課題へとつなげていく
課題　「保護か，それとも……」ツキノワグマ会議を開こう	

158

第4章　価値判断・意思決定による資質・能力の育成にこだわる社会科授業づくり

2　熊出没問題の解決に向けて，現段階での解決案を発表し合う ☆一時的対応として ・捕獲し放獣　　・捕獲し殺処分 ・防御を固める　・地域からの引越 ☆根本的な対策として ・森や里山の再生　　・開発の規制	○子どもの発言を構造的に板書し，次の学習活動（本表「主な学習活動」の3）での話し合いを焦点化できるようにする。また，根拠に基付いた発言とするよう助言することで，本時の目標に迫ることができるようにする
3　提案された解決案について吟味する ☆賛同できる案とできない案 ・□□案は，うまくいきそうだ ・△△案は，九州地方のように熊が絶滅するかもしれない ☆明確な点と不明確な点 ・熊の生息数は減っているのか ・山が豊かになると本当に被害はなくなるのか ・住んでいる人たちは，それぞれどのような願いや思いをもっているのか	○提案された仮の意思決定について，次の手順で吟味を行う (1)提案された解決案の有効性について賛成・反対の意思表示をする (2)意思表示が一方に集中する解決案について，その根拠を出し合う (3)提案された解決案の根拠について，「本当にそういえるのか」等，その確かさをゆさぶる言葉かけを行う (4)話し合いを通して見えてくる曖昧な点を明確にする
4　問題解決のためにとらえておくべき事実を確認し合う ☆熊の生態と出没の背景を知りたい ☆これまでの県や地域はどのようなことをしたのだろう？　その結果は？ ☆地域の人はどう思っているのだろう	□よりよい問題解決のためにとらえておくべき事実を子どもたちが明確にすることができるように，自分の考えをワークシートに記入する時間を確保する。その後，全体でとらえておく事実を共有する場を設け，次時以降の学習へとつなげていく

5　「子どもの育ち」をとらえる 評価 の工夫

　仮の意思決定と最終決定を比較すると，表1の通り根本的な対策に結びつく決定（山を豊かに作戦）をした子どもが大きく増える結果となった。調べ活動を通して，子どもは，問題発生に関する事実認識を深め，これまでの対処療法的な対応では，解決が難しいことに気付いたためと推測される。

159

表1：意思決定の変容（仮の意思決定と最終の意思決定）

解　決　策			仮の意思決定	最終決定
一時的対応	捕獲	山へ返す作戦，別の所へ作戦	16	12
	防御	山から下りさせない作戦，撃退作戦	7	5
	駆除	仕方なく……作戦（捕殺）	2	1
	逃避	引っ越し作戦	3	0
根本策	環境	山を豊かに作戦	2	16
その他		調教する，裁判をする，何もしない	7	3

　また，子どもの意思決定の質的な高まりを「仮の意思決定の吟味」を位置付けることと事実認識の確かさから検討した。その際，次のようなパフォーマンス課題と評価規準によるルーブリック評価を行った（第1次第2時授業後）。

【パフォーマンス課題】学習を通して，あなたが，「これは調べておかなければならない」と思ったのは，どんなことですか。下の5つのキーワード（問題が起こる背景，被害の詳しい様子，これまでの取り組み，地域の人々の願い，熊の生活の様子）から3つまでに丸を付けて，調べたいことを具体的に書いてみましょう。できたらその予想も考えてみましょう。

〈評価規準〉問題を解決するためには，問題発生の背景，被害の詳しい様子，これまでの取り組み，地域の人々の願いや思い，熊の生活の様子等，多様な観点からの情報を踏まえる必要があることを理解することができる。

　最終的な意思決定で，根本的な対策である「山を豊かに作戦」と「それ以外の作戦」を選択した子どもの第1次第2時におけるパフォーマンスを4段階で評価した結果は，表2の通りである（Ⅰ～Ⅳの数が大きい方がパフォーマンスが高い）。

第4章　価値判断・意思決定による資質・能力の育成にこだわる社会科授業づくり

表２：ルーブリックに基づく評価

「山を豊かに作戦」を選択した子ども					「それ以外の作戦」を選択した子ども			
Ⅰ	Ⅱ	Ⅲ	Ⅳ		Ⅰ	Ⅱ	Ⅲ	Ⅳ
0	1	4	11		1	2	10	8

　判断基準の平均値は，「山を豊かに作戦」が3.625，「それ以外の作戦」が約3.19となった。「仮の意思決定の吟味」を位置付けることで，子どもは，判断の裏付けとなる「事実関係を認識する視点」の必要性に気付くことができたといえる。

　「仮の意思決定の吟味」を位置付けることは，事実関係を認識するための多面的な視点を育てる上で効果的であった。また，学習問題を自分の事としてとらえ，主体的で対話的な学習に結び付く様子も見られた。意思決定力の育成を目指す授業においても，確かな事実認識に基づいた，主体的で対話的な「わかる」社会科授業がその大前提である。

▶註

1）上之園強「意思決定力の育成をめざした社会科学習―『仮の意思決定の吟味』を位置づけた試み―」平成10年度広島大学附属東雲小学校研究紀要，1999年，p.39

2）上之園強「『仮の意思決定の吟味』を位置づけた社会科学習(3)―『イノシシが広島市に出没』の場合―」平成12年度広島大学附属東雲小学校研究紀要，2001年，p.35

3）上之園強「『仮の意思決定の吟味』を位置づけた社会科学習(2)」平成11年度広島大学附属東雲小学校研究紀要，2000年，p.45

・「仮の意思決定の吟味」を位置づけた小学校社会科学習に関する上之園強氏の実践の詳細については，平成９年度から平成13年度広島大学附属東雲小学校研究紀要を参照。当紀要は，「広島大学学術情報リポジトリ」（http://ir.lib.hiroshima-u.ac.jp）で閲覧可能

（佐藤　健）

第3節 「科学・技術のシビリアン・コントロール」にこだわる社会科授業づくり

――小学校第5学年単元「どうなる？　どうする？　日本のエネルギー」

こだわりの視点

・科学技術社会論（STS：Science, Technology and Society）の成果を踏まえ，「科学・技術のシビリアン・コントロール（市民が科学・技術をコントロールする力をもつこと）」を目指す授業づくり

1 「わかる」社会科授業をつくるポイント

　本節では，「科学・技術と社会の関係」が「わかる」社会科授業について提案する。毎日使用しているノートパソコンやスマートフォン，自動車，そして高速道路や河川の堤防など，あらゆるものに科学・技術がかかわり，私たちはその恩恵を享受している。しかし，阪神・淡路大震災における高速道路の倒壊や東日本大震災における福島第一原子力発電所の事故は科学・技術が「絶対安全」ではないことを明らかにした。現代社会には，原子力発電所の問題に限らず，BSE問題や環境問題など科学だけでは解決できない様々な問題が存在する。このような現代社会に求められるのが「科学・技術のシビリアン・コントロール（市民が科学・技術をコントロールする力をもつこと）」である。科学技術社会論を研究領域とする平川は，行政や専門家だけが社会の在り方を決定する「統治」という考え方から，企業やNPO／NGO，一人ひとりの市民も含めた多様な存在が社会のあり方を考える「科学・技術の公共的ガバナンス」への転換を主張している[1]。科学技術社会論の成果を踏まえた授業づくりを行うことは，科学・技術がかかわる社会問題を認識し，自分なりに社会へかかわることができる市民を育成することにつながる。

第4章　価値判断・意思決定による資質・能力の育成にこだわる社会科授業づくり

② 見方・考え方を鍛える教材づくりの視点

①トランス・サイエンスな問題を取り上げる

　科学・技術のシビリアン・コントロールを目指す社会科授業では，「トランス・サイエンスな問題」を学習内容として設定する。「トランス・サイエンスな問題」とは，「科学によって問うことはできるが，科学によって答えることのできない問題」である[2]。トランス・サイエンスな問題を取り上げる意義は次の3点である。第1は，公共的ガバナンスの必要性を認識し，市民としていかに問題に向き合うかを考える力を育成できることである。市民一人ひとりが自分なりの方法で問題にかかわることは，公共的ガバナンスを実現する基盤となる。第2は，多面的・多角的に社会を見る力を育成できることである。トランス・サイエンスな問題を取り上げると，子どもたちはある特定の学問領域だけでなく，複数の学問領域の研究成果を踏まえて考えを深めざるを得なくなる。第3は，科学・技術と社会の関係を問う力を育成できることである。社会は科学・技術にどのような影響を与えているのか。反対に，科学・技術は社会にどのような影響を与えているのかを考えることができる。

②複数の視点から教材研究を行う

　トランス・サイエンスな問題は文字通り，科学を越える問題であり，特定の学問的知識によって答えることのできない問題である。したがって，教材研究も学際的に行う必要がある。教師は，社会学や政治学，経済学，歴史学，倫理学，哲学など様々な学問の書籍や論文を読み，教材研究を行うのである。例えば，環境問題については環境社会学や環境法学，環境倫理学などの書籍にあたり，環境問題について考える視点を得ることになる。教師自身が多面的・多角的に社会を見ることができなければ，多面的・多角的に社会を認識できる市民を育成することはできない。

163

3 「主体的・対話的で深い学び」を実現する授業デザイン
―― トランス・サイエンスな問題としての「メガソーラー開発問題」

①改善の視点

本単元の特色は，トランス・サイエンスな問題として「メガソーラー開発を進めるべきか？」を設定したことである。2012年7月の電力固定価格買取制度制定を受け，住宅レベルや企業レベルでの太陽光発電導入が進んだ。太陽光発電は CO_2 を排出しない再生可能エネルギーの一つとして位置付けられる一方で，メガソーラーといわれる大規模太陽光発電所に関しては，光害や森林破壊，景観の悪化など様々な問題が指摘されている。「メガソーラー開発を進めるべきか？」を位置付けることで，メガソーラーは環境を守るのか（壊すのか？）企業の経済性と住民の生活ではどちらが優先されるのか？　行政の役割は何か？　法律や条例の意味はいかなるものか？　など様々な視点から社会を見ることができる。

②指導計画（全5次　10時間構成）

時	主な学習活動・内容	資　料	指導上の留意点
1	(1)私たちの生活とエネルギー	・発電割合	・衣食住，移動の視点
2	(2)水力，火力，原子力発電の長所と短所	・動画	・立地条件への着目
3 4	(3)原子力発電と社会の関係 ・福島第一原子力発電所の事故	・原発事故の影響	・科学・技術を絶対視する社会構造の認識
5 6 7 8	(4)トランス・サイエンスな問題への向き合い方 ・再生可能エネルギーの長所と短所 ・メガソーラー開発問題について	・写真 ・新聞記事 ・動画	・企業，住民，行政の対立点の明確化 ・根拠と理由を伴った主張を促す

第4章　価値判断・意思決定による資質・能力の育成にこだわる社会科授業づくり

	・メガソーラー開発への向き合い方		
9 10	(5)未来社会の創造 ・30年後のエネルギー	・人口予測	・安定性，安全性，環境への影響への着目

4 指導展開例 ▬▬▬▬ ▬ ▬ ▬ ▬ ▬ ▬ ▬ ▬

第4次 第2時

主な学習活動　☆子どもの様子	○教師の支援　□評価の観点
1　太陽光発電の長所・短所を考える ☆排出ガスや騒音はないが，天候に左右されやすい 2　静岡県伊東市でどのような問題が生じているのかを読み取る	○火力発電，原子力発電と異なり，太陽光発電は再生可能エネルギーであることを確認する ○再生可能エネルギーで「環境にやさしい」といわれる太陽光発電をめぐりなぜ問題が生じているのかを問う
課題　メガソーラー開発問題って何だろう？	
3　住民，企業，静岡県知事，伊東市長の立場でメガソーラー開発について考える 住民：景観や環境への影響が心配 企業：法律に基づいて進める。公園や災害時避難場所の整備も行う 静岡県知事：法律に基づいた対応を行う。懸念が払拭されないまま許可を出すのはすっきりしない 伊東市長：条例を制定するなど，市民のためにできる限りのことをしたい 4　メガソーラー開発問題が生じた原因について考える ☆企業が住民の意見を聞かず，利益のみを追求している ☆条例の法的拘束力が弱い ☆企業，住民，行政の議論の場が少ない	○住民，企業，静岡県知事，伊東市長が一番大切にしていることは何かを問う ○住民，企業，静岡県知事，伊東市長の4つのグループに分け，それぞれの立場に共感して考えられるようにする ○「利益」「環境」「安心・安全」「法律・条例」等のキーワードを使い，立場による考えの違いを整理する ○住民が反対しているにもかかわらず，企業が計画を進める理由を問い，企業の利益追求と住民が求める安心・安全な生活が対立していることをとらえられるようにする

165

5　企業の利益追求と住民の生活では，どちらが優先されるべきかを考える 6　学習課題に対するまとめを記述する	○企業は，法律に基づいて開発を進めていることを確認する □トランス・サイエンスな問題としてのメガソーラー開発を理解できているか

第4次 第3時

主な学習活動　☆子どもの様子	○教師の支援　□評価の観点
1　前時の振り返りを行う	○静岡県伊東市のメガソーラー開発をめぐる問題の概要を確認する
課題　メガソーラー開発を進めることに賛成？　反対？	
2　学習課題について考える 　☆賛成：メガソーラー設置はCO_2の大幅な削減につながる 　☆反対：日本各地で大雨による土砂崩れが生じており，森林破壊により土砂崩れの危険性が高まらないか心配	○豪雨によって斜面から崩れ落ちた太陽光パネルに関する記事を提示する ○メガソーラー開発に伴い公園の整備や河川の改修，パークゴルフ場の建設などを企業が行っている資料を提示する
3　兵庫県加東市が「加東市良好な環境の保全に関する条例」を改正した理由を考える 　☆企業に環境へ配慮した開発を求める 　☆住民の生活と再生可能エネルギーの普及が両立するように	○兵庫県や赤穂市も同様の条例を制定したことを示し，地域の特色に応じたルールづくりを行う意義について考えられるようにする
4　これから再生可能エネルギーに関する開発を進めることに賛成か反対かを考える 5　学習の振り返りを行う	□再生可能エネルギーの長所と短所を踏まえ，自分の考えを記述できているか

第4章　価値判断・意思決定による資質・能力の育成にこだわる社会科授業づくり

5 「子どもの育ち」をとらえる 評価 の工夫

　科学・技術のシビリアン・コントロールを目指す授業のポイントは，子ども一人ひとりがトランス・サイエンスな問題に関心をもち，自分の考えを構築することである。私が，子どもの育ちをとらえる上で大切にしているのがノートである。子どもたちは45分の授業で，様々なことに興味をもったり，疑問をもったり，深く考えたり，悩んだりする。それら子ども一人ひとりの思考のあり様が表出するのがノートである。子どもたちは学習課題に対する考えや，資料から読み取ったこと，1時間の授業の振り返りなど様々なことを書く。ページいっぱいに（時には，2～3ページも）思考の足跡があるノートを見るときの楽しさは何とも言い難い。教師はノートから子どもの思考を読み取ると共に，授業展開を吟味・修正していくのである。

　子どもの考える力を育てる上で，①教師自身の深い学び（教材研究，授業理論研究，子ども理解），②子どもがじっくりと問題に向き合い考える（書く）時間の保障の2点は常に心がけていきたい。

註

1）平川秀幸『科学は誰のものか　社会の側から問い直す』NHK出版，2010年
2）小林傳司『トランス・サイエンスの時代　科学技術と社会をつなぐ』NTT出版，2007年

参考文献

1）交告尚史・臼杵知史・前田陽一・黒川哲志『環境法入門』第3版第3刷，有斐閣，2017年
2）鳥越皓之・帯谷博明編著『よくわかる環境社会学』ミネルヴァ書房，2009年
3）西岡秀三『低炭素社会のデザイン　ゼロ排出は可能か』岩波書店，2011年
4）丸山康司『再生可能エネルギーの社会化　社会的受容性から問いなおす』有斐閣，2014年

（吉川　修史）

第5章

自分らしさのある授業に
見る社会科授業観

1 はじめに

　個性のある授業デザインを生み出す社会科授業観とは何なのか。また，先達の実践からどうやって学べるのか。本章では，自分らしさのある授業に見られる社会科授業観に着目することで，読者が理解するための一助としたい。

　まずは，岡崎社会科授業研究サークルの成果として出版された『農業を学ぶ授業を創る』に載せられた社会科授業観を確認しておこう[1]。

> 　教材だけがあっても授業は成立しない。また，教師だけ，子どもだけがいても同様である。授業が成立するためにはこれらの三者が巧みに絡み合うことが不可欠である。しかし，今までの授業研究では，教師や教材の論理だけが先走りして子どもの思考をなおざりにしてしまったり子どもの思考を優先しすぎるあまり，教材を通して子どもたちに学ばせたかった目標がぼやけてしまったりすることがあまりにも多かったように思われる。
>
> 　私たちは，基本的には，社会科の学習とは「子どものわからない社会のできごとやしくみの中で，子どもにとって学ぶ価値のあることを学ばせるための活動」であると考えている。学ぶ価値の有無を判断するのは教師自身の社会観によるところが大きいわけである。したがって，教師自身の社会を見る目が磨かれなければならないことはもちろんであるが，その判断で作成された教材も教師側の論理だけが優先してしまっては失敗の繰り返しである。学習として成立させるためには，子どもがその教材を構成する社会事象を自らの力で調べることによって認識を深めたり，価値判断や意思決定ができるように，教材構成や授業構成の研究を深める必要がある。

　上記の文章は，第2弾にあたる『「高齢者福祉」を学ぶ授業の探究』においても収録されている。その時は，「教材の論理と子どもの論理（心理）の融合」となっている[2]。初掲載の際，20年経っても追究し続けることのでき

第5章　自分らしさのある授業に見る社会科授業観

るテーマとして掲げられたものであり，30年近い月日の経った今でも新鮮さを失っていないと思われる。

　以下では，私も参加させていただいている広島社会科サークルの若手とベテラン，それぞれの自分らしさのある授業を見てみたい。なお，より多くの授業を例示するため，本書の掲載とは別の実践を取り上げる。どのような社会科授業観が求められるのか，その一端を探りたい。

２　若手の自分らしさのある授業に見る社会科授業観

　まずは，若手の吉川修史教諭の実践から見てみよう。吉川教諭がこだわるのは「科学・技術のシビリアン・コントロール」（科学・技術が正しいと絶対視するのではなく，疑問を投げかけ，自分なりに吟味し判断すること）である。実践例として，単元「自然災害社会に生きる」を取り上げる[3]。

　単元は，岩手県の三陸海岸に位置する田老地区を軸として展開される。子どもは，初めに津波対策をハード・ソフトの両面から考える。田老の人々が昭和三陸津波の後に，なぜ集団移転ではなく，防波堤の建設を求めたのか追究する。次に，東日本大震災において大きな被害が出た理由について考える。科学・技術の過信や伝承の風化といった，社会的背景とは何か追究する。そして，鮪立地区を事例として公共的ガバナンスの必要性について考える。市民として，いかに公共政策にかかわっていくことができるのか追究する。

　吉川教諭が授業を行う上で意識しているのは「自然災害」と「科学・技術」にいかに向き合うかという問いである。例えば，ノートの記述で「ぼくは，すべて知事に任せたらいいと思いました」と書いた子どもが，次時に「ぼくたち住民は，何事もなくすごしているけど，ちゃんと，計画などについて，考えていく事が重要だと思いました」と考えるようになっている。

　このように，吉川教諭は「科学・技術のシビリアン・コントロール」にこだわりながらも，「子どもが政治家や専門家といった外部に依存することなく，自らの意思や判断をもって行動できる姿をめざす」という明確なビジョンをもっている。子どもが自分の事として向き合うことが大切であると，語

171

っている。だからこそ，価値判断・意思決定による資質・能力の育成にこだわる社会科授業づくりへつながるのだろう。こうした姿勢は，駆け出しの先生方が社会科授業観を創るための手本ともいうべき存在となっており，私もまた模範とさせていただいている。

3 ベテランの自分らしさのある授業に見る社会科授業観

続いて，ベテランの新谷和幸教諭の実践を見てみよう。新谷教諭がこだわるのは「概念カテゴリー化学習」（「これって○○だけ？」という発問を繰り返すことで，概念の名辞の探究を図ること）である。実践例として，単元「黒鯛いっタイどうなるの⁉」を取り上げる[4]。

「黒鯛いっタイどうなるの⁉」では，初めに広島産の黒鯛を地域の特産物として水産センターの人たちが守り育てていること，漁業者，地元企業，行政といった関係者たちが支援している事実を紹介する。次に，「これって黒鯛だけ？」と問うことで，カキという他の水産物に着目させる。そして，「これって広島だけ？」と問うことで，愛媛や宮崎といった他の地域に眼を広げさせる。終わりに，「何でも特産物になるの？」と学習した内容をゆさぶることで，「特産物」という言葉のもつ意味をとらえさせる。

単元のまとめでは，広島産の卵や塩を取り上げ，特産物とそうではないものの差について考えさせる。そこで，子どもは日常的に消費している卵や塩と違い，黒鯛を食べる頻度は多くないことに気付く。

市場の論理に従えば，買われない・人気のない商品は，次第に姿を消してしまう。だからこそ，貴重な資源である黒鯛を守るためには，「特産物」として売り出すことが必要となる。そこで，子どもが自分たちは消費者という立場で守ることが可能だと，自ら気付くことができたと語る。

新谷教諭は「概念カテゴリー化学習」にこだわりながら，「子どもが自ら社会生活に生かす方法について，考える過程を重視する」という意識をもっている。そのために「教材＝教師が教えるための材料」ではなく，「学習材＝子どもが学習するための素材」が必要になると語る。

第5章　自分らしさのある授業に見る社会科授業観

　だからこそ，社会のわかり方と学習指導の方法にこだわる社会科授業を創ることができるのだろう。こうした姿勢は，若手の先生方が社会科授業観を磨き上げるための手本ともいうべき存在となっており，私もまた模範とさせていただいている。

4　個性のある授業デザインのための社会科授業観

　ここまで若手とベテラン，それぞれの自分らしさのある授業を取り上げ，どのような社会科授業観が見られるのか考察してきた。ここでふと出てくるのが「社会科授業論と社会科授業観はどう違うのか」という疑問である。

　一般に「授業観」という言葉を見かけるのは学習指導案などにおいてだろう。授業観と並んで「教材観」や「子ども観（児童観や生徒観）」といった項目が用意されている。書かれているのは，単元の構成や授業の要点など，様々である。何をどう書けばよいのか，筆者のような駆け出しの先生方にとっては悩むところでもある。

　もし授業論ということであれば，書籍などを見て既存の理論を援用すればそれで済んでしまう。けれども「授業観」といった場合，教師一人ひとり異なるため，これといった基準が存在しない。単刀直入に言えば，ごまかしが利かないのである。

　先ほどの吉川教諭と新谷教諭の実践をもとに考えてみると，授業観は授業論と違って，眼の前にいる子どもをどう育てたいかという教師自身の想いや願いが込められていることに気づく。というのも，教師（指導者）を生かすことは子ども（学習者）を活かすことにつながっていると感じるからである。

　格言めいていえば，「自分らしさ」のある授業こそ，「子どもらしさ」のある授業へ通じているように思われる。だからこそ，今の時代に個性のある授業デザインが求められるのだろう。

　実際，各サークルではそれぞれのこだわりをもって，授業研究を行っている。岡崎社会科授業研究サークルの先生方は子どもの思考の流れ，広島社会科サークルの先生方は学習指導の方法，教職人の会の先生方は教材研究にこ

173

だわっている。そのなかで，教師一人ひとりが余所行きではない自分らしさを追究している。例えば，教職人の会の村上忠君教諭は「○○なのに，なぜ○○なのか？」という発問を貫いており，私も時々使わせていただいている。

このように教師自身が学ぶ意義について問い続けられるからこそ，こだわりのある社会科授業につながっていくのではないだろうか。

5 おわりに

既に第1～4章をご覧になられた方は，何らかの手応えを感じておられるかもしれない。こだわり抜かれた実践の数々は，サークルのなかで揉まれ，叩かれ，鍛え上げられた結晶である。それぞれの「サークルらしさ」を生かしながらも，実践者の「自分らしさ」も活かされている。

ここで，冒頭に紹介したサークルの社会科授業観に立ち戻ってみよう。「学ぶ価値の有無を判断するのは教師自身の社会観によるところが大きいわけである。したがって，教師自身の社会を見る目が磨かれなければならない」とある。もし「社会」を「人生」に置き換えれば「学ぶ価値の有無を判断するのは教師自身の人生観によるところが大きいわけである。したがって，教師自身の人生を見る目が磨かれなければならない」となる。

社会科授業の名人と称される長岡文雄は，社会科を子どもの生き方だけではなく，教師の生き方にもかかわる教科だと語っている[5]。長岡によると，これまで辿ってきた道のりにおいて形成してきた人生観が，社会科授業には色濃く現れるという。

ここで私が思い浮かべるのは，プロ棋士の藤沢秀行の言葉である[6]。藤沢によると，囲碁の世界では定石（今まで最善とされてきた形）を覚えるだけではいけないという。碁盤全体を見る眼，すなわち「大局観」を鍛える必要があると語る。そのために，棋士たちは先人の残した棋譜（戦いの記録）を糧に，自らを磨いてゆくという。

社会科教育の世界もまた，同じものを感じる。先達の紡いだ足跡を手がかりに自らの人生観を創り上げていくことが，「わかる」授業づくりへの第一

第5章　自分らしさのある授業に見る社会科授業観

歩となるのではないだろうか。私もまた，微力ではあるが先輩方の名に恥じ
ぬよう，この道の一里塚となってゆきたい。

註

1）木村博一・岡崎社会科授業研究サークル編著『農業を学ぶ授業を創る』黎明書
　　房，1995年，p.221
2）木村博一・岡崎社会科授業研究サークル編著『「高齢者福祉」を学ぶ授業の探
　　究』黎明書房，2002年，p.166
3）吉川修史「科学技術社会論の成果を踏まえた小学校社会科授業の開発研究―ト
　　ランス・サイエンスな問題を取り上げる防災単元の教育的意義―」『社会科研
　　究』第85号，全国社会科教育学会，2016年，pp.37-48を参照
4）新谷和幸「小学校社会科における『概念カテゴリー化学習』の授業構成―概念
　　の名辞とカテゴリー化の手法に着目して―」『社会科研究』第80号，全国社会科
　　教育学会，2014年，pp.57-68を参照
5）長岡文雄『若い社会の先生に』黎明書房，1980年，p.9
6）藤沢秀行『人生，意気に感ず』ひらく，1998年等を参照

（大野木俊文）

あとがき

「まえがき」で述べたように，本書を分担執筆したのは，私を中心とする3つの社会科サークルに参加している実践者及び研究者の方々です。ここでは，これらの社会科サークルについて，少し詳しく紹介させていただきます。

まずは「岡崎社会科授業研究サークル」です。私が愛知教育大学在任中の1988年に結成されました。岡崎市のある愛知県，特に東部の三河地方は，上田薫が理論的支柱となっている「社会科の初志をつらぬく会」の問題解決学習の実践がさかんな地域です。それとともに，小学校・中学校教師の自主的なサークル活動がさかんな地域で，ほぼ同世代の教師が集って，数多くのサークルが結成されてきました。岡崎社会科授業研究サークルも，それらのなかの一つとして数えられるでしょう。けれども，社会科の初志をつらぬく会の実践に対して，どちらかといえば，批判的な眼を向けてきた教師が集って結成されたというところに大きな特色があります。一人ひとりの子どもの思考の流れに寄り添いながら授業を展開するのは大切なことだけれども，教科で教えるべき内容を軽視する傾向があるのではないかというのが，岡崎社会科授業研究サークルに集った教師が共有していた問題意識でした。

1987年秋の愛知教育大学附属岡崎中学校の公開教育研究会の社会科授業に対する私のコメントを聞いたことをきっかけとして縁ができ，1988年2月6日に岡崎市立矢作北中学校で社会科授業のシンポジウムが開催されました。この時，「生産者からみた米の自由化」という授業を公開して，議論のたたき台を提供されたのが，岡崎社会科授業研究サークルのまとめ役を担って来られた石井洋教諭です。

さて，誰がいい始めたのかはわかりませんが，三河地方の授業研究サークルには「団子」という比喩が用いられています。ある世代の教師が集って，授業研究サークルを結成したとしても，40歳半ば前後には授業から遠ざかり，50歳代になれば教頭，校長となっていきます。一つの世代の団子の餅の寿命

は、せいぜい10数年といったところでしょうか。こうして団子の餅は世代順に社会科や理科などの串に連なって、いくつもの団子を形成していくことになります。

岡崎社会科授業研究サークルを結成した時点で三十路に入っていた石井洋教諭らがこだわったのは、「20年経っても追い求め続けることのできるテーマ」に取り組むことでした。数年間の試行錯誤と議論を経て、「子どもの思考の流れを丹念に見取っていく問題解決学習の社会科授業を大切にしながら、社会科で教えるべき内容にもこだわっていくこと」、いいかえれば、「教材の論理と子どもの論理（心理）の融合」がなされた社会科授業を追い求めていくことが、このサークルのテーマとして共有されていきました。

岡崎社会科授業研究サークルの結成から今年で30年になります。1995年4月に私が愛知教育大学から広島大学へ転任となり、年に2〜3回しか岡崎に通うことができなくなってからも、岡崎社会科授業研究サークルは若い教師をメンバーに加えながら、よりよい社会科授業を飽くことなく追い求め続けてきました。このサークルの実践研究の成果は、『農業を学ぶ授業を創る』（黎明書房、1995年）、『「高齢者福祉」を学ぶ授業の探究』（黎明書房、2002年）として出版し、現在、三冊目の出版に向けて努力しているところです。

誇れることなど何もない私ですが、このサークルを30年続けてこられたことは、私自身の一番の誇りだと思っています。

次に「広島社会科サークル」です。このサークルは、今から17年前の2002年に結成されました。当時の広島大学附属東雲小学校の上之園強副校長（故人）から「附属東雲小学校・中学校の社会科担当教諭の研修会を定期的に開催したいので指導をお願いしたい」と依頼されたのがきっかけでした。ちょうどそのころ、広島大学の私のゼミの出身で小学校や中学校に勤務していた修了生や卒業生から、社会科の勉強会をつくって欲しいという依頼を受けていました。どちらの依頼も、岡崎社会科授業研究サークルのような集まりを広島にもつくりたいという思いから生まれたものでした。それならば、共に切磋琢磨しようということで実現したのが、広島社会科サークルです。メン

バーの多くが広島市内の小学校教員ですが，広島県内外の教員，大学に勤務する社会科教育研究者などバラエティに富んでおり，社会科授業の理論，特に学習指導の方法論へのこだわりが強いのが，このサークルの大きな特色です。

　そして，「教職人の会」です。このサークルは，社会科の教材研究に強いこだわりをもつ村上忠君教諭を世話役として10年前に結成されました。村上教諭と私は，彼が広島大学附属三原小学校に勤務していた時から新しい社会科授業を二人三脚でつくり続けてきた仲です。広島社会科サークルのような集まりを広島県東部にもつくりたいということで結成された「教職人の会」は，尾道市，三原市，府中市などの教員が主な会員です。ちなみに，教職人の会というサークル名は，職人気質の強い村上教諭の命名によるものです。

　このようにして，３つの社会科サークルが生まれ，地道な授業研究を続けながら今日に至っています。岡崎社会科授業研究サークルをモデルとして広島社会科サークルが生まれ，広島社会科サークルのような集まりをもちたいということで教職人の会ができました。子どもの思考の流れに寄り添った学習指導を重視する岡崎社会科授業研究サークル，社会科授業の理論にこだわりの強い広島社会科サークル，社会科の教材研究に強いこだわりをもつ教職人の会というように，それぞれの個性を育みながら今日に至っています。文化の伝播という観点から見ても面白いのかもしれません。

　本書を企画した当初は，３つの社会科サークルごとに各章を執筆するというような案もありました。しかし，「まえがき」で述べたような３つの社会科サークルの交流もあり，各サークルの個性よりも，各実践者の個性を大切にして，章節を構成した方がよいという結論に至って，目次のような章節構成にしました。執筆者が教材研究にこだわりをもつ章に配置されていたとしても，社会科の授業理論や子どもの思考の流れをおろそかにしている訳ではないということは，お読みいただくなかで気付かれたことと思います。

　最後になりましたが，本書出版の機会を与えて下さった明治図書，私たち

の企画を後押しして下さっただけでなく，様々な助言をいただいた編集部の
及川誠氏に心より御礼申し上げます。

　2019年5月

　　　　　　　　　　　　　　　　　　　　　　　　　木村　博一

執筆者一覧　（執筆順，2019年3月現在）

木村　博一	広島大学	
伊藤　公一	広島大学附属東雲小学校	広島社会科サークル
長野　由知	東広島市立小谷小学校	教職人の会
曽我　知史	広島市立亀山小学校	教職人の会
沖西　啓子	広島市立長束西小学校	広島社会科サークル
才谷　瑛一	尾道市立土堂小学校	教職人の会
大野　耕作	尾道市立西藤小学校	教職人の会
村上　忠君	広島大学附属三原小学校	教職人の会
神野　幸隆	東広島市立河内西小学校	広島社会科サークル
森田　淳一	岡崎市立翔南中学校	岡崎社会科授業研究サークル
中根　良輔	岡崎市立矢作中学校	岡崎社会科授業研究サークル
新井　健祐	岡崎市立梅園小学校	岡崎社会科授業研究サークル
福永　佳栄	広島市立牛田小学校	広島社会科サークル
市位　和生	広島市立みどり坂小学校	広島社会科サークル
服部　太	広島大学附属小学校	広島社会科サークル
松岡　靖	京都女子大学	広島社会科サークル
新谷　和幸	広島大学附属東雲小学校	広島社会科サークル
福村　優	岩国市立杭名小学校	広島社会科サークル
原紺　政雄	広島市立亀山南小学校	広島社会科サークル
宮里　洋司	三原市立糸崎小学校	広島社会科サークル
佐藤　健	広島市立長束西小学校	広島社会科サークル
吉川　修史	加東市立社小学校	広島社会科サークル
大野木俊文	広島大学附属東雲小学校	広島社会科サークル

【編著者紹介】
木村　博一（きむら　ひろかず）
1958年和歌山県生まれ。
広島大学教育学部高等学校教員養成課程社会科卒業。
広島大学大学院教育学研究科教科教育学専攻博士課程前期・後期修了。
愛知教育大学助手，同助教授，広島大学学校教育学部助教授などを経て，現在は広島大学大学院教育学研究科教授。広島大学附属三原幼稚園・小学校・中学校長（併任）。
博士（教育学）。

【主な著書および編著書】
『農業を学ぶ授業を創る』(黎明書房，1995)，『「高齢者福祉」を学ぶ授業の探究』(黎明書房，2002)，『日本社会科の成立理念とカリキュラム構造』(風間書房，2006)，『グローバル化をめぐる論点・争点と授業づくり』(明治図書，2006)，『混迷の時代！"社会科"はどこへ向かえばよいのか』(明治図書，2011)

社会科授業サポートBOOKS
思考の流れ＆教材研究にこだわる！
「わかる」社会科授業をどう創るか
個性のある授業デザイン

2019年6月初版第1刷刊	Ⓒ編著者	木　村　博　一
	発行者	藤　原　光　政
	発行所	明治図書出版株式会社

http://www.meijitosho.co.jp
(企画)及川　誠　(校正)杉浦佐和子
〒114-0023　東京都北区滝野川7-46-1
振替00160-5-151318　電話03(5907)6704
ご注文窓口　電話03(5907)6668

＊検印省略　　　　　組版所　株式会社アイデスク

本書の無断コピーは，著作権・出版権にふれます。ご注意ください。

Printed in Japan　　　　ISBN978-4-18-310421-2
もれなくクーポンがもらえる！読者アンケートはこちらから

小学校 新学習指導要領 社会の授業づくり

澤井 陽介 著

改訂のキーマンが、新CSの授業への落とし込み方を徹底解説！

資質・能力、主体的・対話的で深い学び、社会的な見方・考え方、問題解決的な学習…など、様々な新しいキーワードが提示された新学習指導要領。それらをどのように授業で具現化すればよいのかを徹底解説。校内研修、研究授業から先行実施まで、あらゆる場面で活用できる1冊！

四六判 208頁
本体 1,900円+税
図書番号 1126

中学校 新学習指導要領 社会の授業づくり

原田 智仁 著

改訂のキーマンが、新CSの授業への落とし込み方を徹底解説！

資質・能力、主体的・対話的で深い学び、見方・考え方、評価への取り組み…など、様々な新しいキーワードが提示された新学習指導要領。それらをどのように授業で具現化すればよいのかを徹底解説。校内研修、研究授業から先行実施まで、あらゆる場面で活用できる1冊！

Ａ5判 144頁
本体 1,800円+税
図書番号 2866

社会科授業サポートBOOKS 小学校社会科
「新内容・新教材」指導アイデア
「重点単元」授業モデル

北 俊夫 編著

「重点単元」「新教材・新内容」の授業づくりを完全サポート！

平成29年版学習指導要領「社会」で示された「新内容・新教材」「重複単元」について、「主体的・対話的で深い学び」の視点からの教材研究＆授業づくりを完全サポート。キーワードのＱ＆Ａ解説と具体的な指導計画＆授業モデルで、明日からの授業づくりに役立つ必携バイブルです。

Ａ5判 168頁
各 本体 2,000円+税
図書番号 2148, 2329

主体的・対話的で深い学びを実現する！
板書＆展開例でよくわかる
3・4年 社会科 5年 6年
授業づくりの教科書

朝倉 一民 著

1年間365日の社会科授業づくりを完全サポート！

1年間の社会科授業づくりを板書＆展開例で完全サポート。①板書の実物写真②授業のねらいと評価③「かかわる・つながる・創り出す」アクティブ・ラーニング的学習展開④ICT活用のポイントで各単元における社会科授業の全体像をまとめた授業づくりの教科書です。

3・4年
Ｂ5判 136頁 本体 2,200円+税 図書番号 2285
5年
Ｂ5判 176頁 本体 2,800円+税 図書番号 2293
6年
Ｂ5判 184頁 本体 2,800円+税 図書番号 2296

明治図書　携帯・スマートフォンからは **明治図書ONLINE** へ　書籍の検索、注文ができます。▶▶▶

http://www.meijitosho.co.jp　＊併記4桁の図書番号（英数字）でHP、携帯での検索・注文が簡単に行えます。

〒114-0023　東京都北区滝野川7-46-1　ご注文窓口　TEL 03-5907-6668　FAX 050-3156-2790

「主体的・対話的で深い学び」を実現する 社会科授業づくり

北 俊夫 著

「深い学び」と知識を育む社会科授業づくりのポイント

改訂のキーワードの一である「主体的・対話的で深い学び」を，どのように社会科の授業で実現するか。①「見方・考え方」の位置付け方②系統性もふまえた「知識」の明確化③教科横断的な指導④評価のポイントの解説に加え，具体的な指導計画&授業モデルをまとめました。

A5判 168頁
本体 2,000円+税
図書番号 2536

Q&Aでよくわかる! 見方・考え方を育てるパフォーマンス評価

西岡 加名恵・石井 英真 編著

本質的な問いから探究を生む「パフォーマンス評価」Q&A

「本質的な問い」に対応するパフォーマンス課題をカリキュラムに入れることで，教科の「見方・考え方」を効果的に育てることができる!目標の設定や課題アイデアから，各教科の授業シナリオまで。「見方・考え方」を育てる授業づくりのポイントをQ&Aで解説しました。

A5判 176頁
本体 2,000円+税
図書番号 2779

新科目「公共」の授業を成功に導くポイントを徹底解説！

高校社会 「公共」の授業を創る

橋本 康弘 編著

平成30年版学習指導要領「公共」を徹底解説！
「見方・考え方」を鍛える授業の3タイプとは？

2,000円+税／A5判／168頁／図書番号 2538

平成30年3月に告示された新科目「公共」の学習指導要領をもとに，求められる「持続可能な社会形成者としての市民育成」「18歳選挙権に伴う主権者教育の充実」，また「主体的・対話的で深い学び」をどのように実現するか。授業づくりのポイントを徹底解説しました。

明治図書 携帯・スマートフォンからは **明治図書ONLINE** へ 書籍の検索，注文ができます。

http://www.meijitosho.co.jp ＊併記4桁の図書番号（英数字）でHP，携帯での検索・注文が簡単に行えます。

〒114-0023 東京都北区滝野川7-46-1 ご注文窓口 TEL 03-5907-6668 FAX 050-3156-2790

学校現場で今すぐできる「働き方改革」
目からウロコのICT活用術

新保 元康 著

+αのアイデアで日常改善!学校現場からの「働き方改革」

一人一人の仕事の効率化から、学校全体の働き方改革へ!「学校現場で今すぐできる」「ICT」という2つの視点から考える学校改善トライアル。「学校にあるものを活用」して、「仕事の流れを変える」ことで、働きやすさはこんなに変わる!目からウロコのカイゼン術。

A5判 152頁
本体 1,600円+税
図書番号 0893

主体的・対話的で深い学びを実現する!
小学校外国語『学び合い』活動ブック
通知表文例つき

西川 純・橋本 和幸・伊藤 大輔 編著

コミュニケーションあふれる外国語「学び合い」活動をナビゲート

外国語活動・外国語で、主体的・対話的で深い学びはこう実現できる!児童用シート+教師用シートの見開き2頁構成で、外国語『学び合い』活動をナビゲート。めあて+手立て、ゴールと振り返りから、対話形式の授業の流れと声かけのポイントまで。通知表コメント例つき。

B5判 136頁
本体 1,960円+税
図書番号 2839

中学地理 「基礎基本」定着 面白パズル&テスト

得点力不足解消!

南畑 好伸 著

楽しく基礎基本定着!中学地理わくわく面白パズル&ワーク

子どもたちが大好きなパズル教材・ワークを面白・楽しいだけで終わらない「基礎基本定着」をポイントとして具体化。問題を解くと見えてくる「キーワード」でポイントがおさえられる!中学地理の各単元のまとめとしても使える、面白パズル&テストが満載の必携の1冊。

B5判 136頁
本体 2,200円+税
図書番号 2849

全単元・全時間の流れが一目でわかる!
社会科 365日の板書型指導案
3・4年 5年 6年

阿部 隆幸・板書型指導案研究会 他著

板書例&ポイントがわかる!社会科365日の授業レシピ

社会科365日の授業づくりと板書例が一目でわかる!各学年の全単元・全時間の授業について①「板書」の実物例②授業のねらいと本時のポイント③「つかむ」「調べる」「まとめる」授業の流れ④つけたい力と評価のポイントまでを網羅した必携のガイドブックです。

3・4年
B5横判 168頁 本体 2,400円+税 図書番号 3096
5年
B5横判 120頁 本体 2,260円+税 図書番号 3097
6年
B5横判 128頁 本体 2,260円+税 図書番号 3098

明治図書 携帯・スマートフォンからは **明治図書ONLINE** へ　書籍の検索、注文ができます。▶▶▶

http://www.meijitosho.co.jp　*併記4桁の図書番号（英数字）でHP、携帯での検索・注文が簡単に行えます。

〒114-0023　東京都北区滝野川7-46-1　ご注文窓口　TEL 03-5907-6668　FAX 050-3156-2790